Nueva pornografía y cambios en las relaciones interpersonales

Lluís Ballester Brage - Carmen Orte Socias

Nueva pornografía y cambios en las relaciones interpersonales

Octaedro

Colección Horizontes-Educación

Título: *Nueva pornografía y cambios en las relaciones interpersonales*

Con el apoyo de:

Universitat de les Illes Balears

JÓVENES E INCLUSIÓN SOCIAL

Primera edición: mayo de 2019

ISBN: 978-84-17667-40-5
Depósito legal: B. 14 068-2019

Diseño y producción: Ediciones Octaedro

Impresión: Prodigitalk

Impreso en España - *Printed in Spain*

Índice

Resumen

La nueva pornografía, distribuida por internet, tiene un impacto cada vez más relevante en las relaciones interpersonales de los adolescentes y los jóvenes. Su presencia se ha normalizado para la mayoría de la población occidental, especialmente para la población masculina, y ha aumentado la oferta y la demanda, por lo que se han generado efectos importantes en los consumidores habituales.

El **objetivo** de nuestra investigación ha sido determinar las dimensiones y características de los impactos de la nueva pornografía sobre los adolescentes y jóvenes en España (una selección de comunidades autónomas), comprobando las similitudes y diferencias del patrón observado en el Estado y la realidad de siete comunidades estudiadas (inicialmente se trataba de nueve comunidades, pero no se consiguieron muestras significativas y equilibradas en Madrid y el País Vasco).

El **método** se ha basado en una encuesta, con una muestra probabilística representativa de la población (N = 2457), realizada a lo largo de 2018 en siete comunidades del Estado, a partir de la red Jóvenes e Inclusión Social.

Los **resultados** nos han confirmado que las edades de inicio del consumo de pornografía son muy reducidas (8 años). La familiaridad con las pantallas y con las búsquedas en internet han facilitado esta situación. Los hombres son los grandes consumidores de la pornografía. Los impactos de la pornografía son mucho más importantes en los hombres que en las mujeres, tanto por la frecuencia de uso como por los efectos buscados (masturbación) o por las consecuencias sobre las relaciones interpersonales. El consumo de pornografía produce impactos destacados sobre la imagen de los hombres y las mujeres, así como un aumento de la vulnerabilidad a las prácticas no normativas o de riesgo (consumo de prostitución).

Palabras clave: *nueva pornografía; relaciones interpersonales; sexualidad; conductas de riesgo; juventud.*

1

Introducción. Relaciones interpersonales, sexualidad y nueva pornografía

La sexualidad es la expresión, a lo largo de toda la vida, de la dimensión biológica de los seres humanos, así como de los factores psicológicos, afectivos, emocionales y sociales. La interacción entre estos factores está presente en el comportamiento sexual. La sexualidad es el resultado de un complejo proceso evolutivo permanente, siendo la adolescencia una de las etapas donde se consolida la identidad sexual construida en la infancia. El proceso de definición de la identidad sexual se inicia en la infancia, y tiene como meta y reto la integración de dimensiones cognitivas, emocionales y sociales. En este proceso, las influencias externas son muy diversas, pero algunas son tan nuevas y poderosas como internet y la nueva pornografía.

No puede negarse el impacto que tiene la «nueva pornografía» distribuida por internet sobre las conductas sexuales y sobre las relaciones de género (Peter y Valkenburg, 2016). La familiaridad con prácticas de riesgo, la descontextualización de la sexualidad, la inmediatez, la simplificación de las relaciones interpersonales, así como la vinculación a nuevas modalidades de prostitución convierten la nueva pornografía en un fenómeno de especial relevancia para la comprensión de las relaciones interpersonales (Döring, 2009; Weitzer, 2010).

La pornografía ha sido objeto de debate desde su aparición (Sullivan y Mckee, 2015), hace al menos dos mil años en la Roma imperial. Desde posiciones que la defienden como una modalidad de la libertad de expresión, hasta quienes la critican por su vinculación a la explotación del cuerpo de las mujeres. En los últimos años, se ha modificado sustancialmente. No se puede comparar la pornografía convencional con la nueva pornografía. La pornografía convencional se basa en imágenes impresas o filmaciones, distribuidas por canales ilegales o por las distribuidoras de revistas, con venta en *sex-shops* o en comercios de diversos productos (prensa y vídeo, especialmente). La dificultad de acceso, así como el coste de las imágenes, la exposición de quien la adquiere, además de otros factores, limitaban su impacto.

La nueva pornografía, distribuida por internet, modifica la distribución, de modo que supera las limitaciones observadas (por ejemplo, pueden acceder adolescentes fácilmente), pero también modifica los sistemas de producción y las consecuencias derivadas (Kor *et al.*, 2014: 862). Se puede hablar de «nueva pornografía» a partir de cinco notas características:

1. **Calidad de imagen**. Se basa en filmaciones con mejoras constantes en los niveles de calidad; se abandona la distribución de imágenes en soportes tradicionales (jpg).
2. **Asequible**. La oferta es mayoritariamente gratuita, aunque se vincule a empresas capitalistas de dimensiones variables y se relacione directamente con cuatro mercados en expansión en el mundo de internet: el de la publicidad; el de las filmaciones pornográficas de alta calidad y de pago (en directo, por encargo, seleccionadas por catálogo, etc.), el de los contactos libres y el de los contactos pagados (prostitución).
3. **Accesible**. Las dimensiones de la oferta son aparentemente ilimitadas, con producción y distribución constante en prácticamente todo el mundo y centenares de miles de filmaciones constantemente ampliadas.[1]

1. No se sustituyen las filmaciones, solo se acumulan cada vez más. Se pueden encontrar filmaciones de hace cuarenta años en algunos servidores de internet. Uno de los portales de distribución mundial gratuita de vídeos pornográficos, PornHub –el único que realiza informes públicos de su actividad (PornHub, 2018)–, permite hacerse una idea de las dimensiones de este negocio. PornHub es la segunda página de pornografía más visitada del mundo y la 72.ª página web más visitada de cualquier tema. El portal transmite cada día 5000 petabytes de vídeos (para tener una idea de lo que significa basta con saber que Facebook procesa cada día 600 petabytes). En el año 2017 recibió 28 500 millones de visitas, es decir, más de 3 millones por hora y unas 900 por segundo. Las dimensiones son astronómicas.

4. **Sin límite**. Tampoco tienen límite las prácticas sexuales que se pueden observar, desde las más convencionales hasta prácticas de gran riesgo o directamente ilegales.
5. **Anónima o con intensa interactividad**. Se pueden encontrar diversos niveles de interactividad, desde la mínima interacción (visualización de filmaciones), hasta la relación cara a cara a partir del contacto a distancia, en un nuevo contexto de acceso a la prostitución, pasando por modalidades de diversa implicación.

La nueva pornografía se relaciona con dos fenómenos también vinculados. En primer lugar, con la miseria sexual que impone el patriarcado: mientras no se pueda desarrollar una sexualidad libre e igualitaria, la pornografía seguirá ganando terreno en la experiencia de la sexualidad. El otro fenómeno es el del capitalismo que penetra en las vidas privadas. ¿Quién produce y desarrolla la industria pornográfica? No se trata de organizaciones filantrópicas ni de particulares interesados en hacer el bien, sino de organizaciones muy agresivas, que tienen una gran capacidad de imponer su presencia en los nuevos mercados, en los medios mediante internet y las tecnologías de la comunicación, que han llegado a todo el mundo.

La nueva pornografía tiene un impacto desconocido e imprevisible desde el gran desarrollo de internet, en los últimos diez años. Su presencia se ha normalizado para la mayoría de la población occidental, especialmente para la población masculina, y ha aumentado la oferta y la demanda (D'Orlando, 2011). Su consumo no ha dejado de aumentar y ha generado adicción en los consumidores habituales (Young, 2008; Reay, Attwood y Gooder, 2013). Aunque su potencial adictivo es importante, no hay evidencias científicas completamente concluyentes (Prause *et al.*, 2015; Voros, 2009). En cualquier caso, al margen de la adicción, no se puede ignorar su impacto sobre los consumidores adolescentes y sobre sus relaciones interpersonales.

2

Objetivos e hipótesis

El estudio se centra en la comprobación de dos objetivos complementarios:

- **Objetivo 1**. Determinar las dimensiones y características de los impactos de la nueva pornografía sobre los adolescentes y jóvenes en España (en una selección de comunidades autónomas).
- **Objetivo 2**. Comprobar las similitudes y diferencias del patrón observado en las siete comunidades autónomas seleccionadas.

Los objetivos se concretan en las hipótesis que resumen el modelo explicativo con el que se ha diseñado la encuesta. Se pueden formular cinco hipótesis basadas en la literatura científica, entendidas como respuestas tentativas a las preguntas sobre el impacto de la nueva pornografía. Nuestras hipótesis de investigación, contrastadas en diversos estudios (Ballester, Pozo y Orte, 2013; Ballester, Orte y Pozo, 2015a y 2015b), se pueden formular brevemente:

- **Hipótesis 1. Prevalencia**. De acuerdo con la literatura científica, se espera mayor prevalencia del consumo de nueva pornografía entre los hombres (Sun, Bridges, Johnson y Ezzell, 2016). También se espera mayor consumo de nueva pornografía entre los grupos de edad que usan con más frecuencia y durante más tiempo los servicios de internet, especialmente entre adolescentes y jóvenes (Paul y Kobach, 2014)

- **Hipótesis 2. Impacto personal**. El impacto de la nueva pornografía es superior en los hombres; modifica sus esquemas perceptivos y, a medio plazo, los hábitos de los grupos de grandes consumidores. La nueva pornografía puede convertirse en la fuente principal de educación sexual para los adolescentes (Albury, 2014; Tallon-Hicks, 2016). Uno de los efectos vinculados a este proceso de deseducación es la amplificación de los estereotipos de género, la cosificación de la mujer. Según la investigación, realizada sobre datos de Estados Unidos, titulada «The impact of internet pornography on adolescents: A review of the research» (Owens, Behum, Manning y Reid, 2012), la exposición de material pornográfico en la red en edades tempranas es causa y consecuencia de la creencia de que la mujer es un objeto sexual, distorsiona la realidad de lo que es el sexo y, en hombres con tendencia a la agresividad sexual, esta se ve claramente aumentada (Malamuth, 2014; Wright, Tokunaga y Kraus, 2015). Además, incide en el autoconcepto y autoestima de todos los adolescentes consumidores de pornografía: las chicas se sienten físicamente inferiores a las mujeres que ven en los vídeos; los chicos dudan de su virilidad, piensan que no serán capaces de comportarse como los personajes que aparecen en la pornografía.
- **Hipótesis 3. Impacto interpersonal y social**. La nueva pornografía modifica las prácticas sexuales de los grandes consumidores en dos direcciones complementarias: la familiaridad con prácticas de riesgo y la demanda a sus parejas sexuales de estas prácticas, o el consumo de prostitución para realizarlas. En uno de los estudios más importantes sobre adolescentes y pornografía, Peter y Valkenburg (2016) concluían que su revisión de los últimos 20 años de investigación permitía afirmar que hay fuertes evidencias de que el uso de la pornografía por parte de los adolescentes condiciona sus actitudes sexuales. Advertían una mayor presencia de prácticas de riesgo, la tendencia a no usar preservativos y a practicar *sexing* (enviar imágenes sexuales explícitas de uno mismo). El informe de Owens, Behun, Manning y Reid (2012) concluye que aquellos

adolescentes que consumen pornografía de contenido sexual violento tienen significativamente más probabilidades de vincularse a agresiones sexuales.

- **Hipótesis 4. Ritualización de las relaciones sexuales.** La nueva pornografía y las opciones que ofrece internet generan un efecto complementario de los considerados en la segunda y tercera hipótesis, una ritualización de las relaciones sexuales. Esta se basa en la simplificación de las relaciones interpersonales, desde formas rituales rígidas (con pautas estrictas de elevada expectativa y bajo riesgo personal), hasta formas rituales flexibles (con unas reglas de juego que permiten una amplia variedad de desarrollos). Un ejemplo de la ritualización se observa en la transformación del acceso a la relación sexual mediante el uso de mediadores de contacto explícito en internet. El desarrollo de una parte de los nuevos rituales de relación se explica por la importante presencia de la nueva pornografía. Esta presencia es especialmente relevante entre los hombres, en todas las edades, y modifica las relaciones, las expectativas, los criterios para evaluarlas, las modalidades de las prácticas sexuales deseadas y otros aspectos de las relaciones interpersonales. Un efecto de la misma ritualización es la legitimación de determinadas prácticas relativas a la sexualidad[2] (Osborne y Guasch, 2003).
- **Hipótesis 5. Escalada de conducta.** La pornografía tiene intenciones propagandísticas, con el apoyo de un importante aparato de márquetin. Es la puerta de acceso a diversos mercados, tal como se ha dicho; es decir, la pornografía tiene una función de incitación a la conducta, de autosatisfacción o de relación interpersonal. Sin embargo, una parte de las prácticas implicadas pueden superar el marco de las relaciones igualitarias, consentidas y agradables. Se han identificado dos posibles escaladas de conducta: la aparición de modalidades

2. Como puede verse, nos situamos en el ámbito de la sociología de la sexualidad, de acuerdo con la definición de Osborne y Guasch (2003: 5): «Se ocupa de definir qué es el sexo y qué no lo es, describe qué espacios y qué tiempos tiene adjudicados, qué actores lo ejecutan y cuáles no, de qué manera lo hacen y las razones y consecuencias sociales de todo ello».

de violencia en las relaciones interpersonales y el acceso a la prostitución para dar salida a conductas impracticables consensuadamente con las parejas (Lim, Carrotte y Hellard, 2016).

3

Método

La contrastación de las hipótesis requiere un tratamiento con una muestra probabilística representativa de la población, tal como se ha realizado a lo largo de 2018 en siete comunidades del Estado, a partir de la red Jóvenes e Inclusión Social.[3]

Población y muestra. Se ha centrado en la población joven del Estado: entre 16 y 29 años. Para realizar la muestra empírica, atendiendo a la imposibilidad de disponer de muestras representativas en cada una de las comunidades autónomas, se ha realizado una selección de las comunidades más representativas. Inicialmente se seleccionaron las siguientes: Andalucía, Aragón, Baleares, Castilla y León, Castilla la Mancha, Cataluña, Comunidad Valenciana, Galicia, Madrid y País Vasco. Se han confirmado las muestras representativas para siete comunidades, pues ha sido imposible completarlas en Madrid, País Vasco y Valencia. Las comunidades incluidas representan a 25 526 018 de personas, es decir, el 54,81 % de la población del Estado. En la muestra hay comunidades de todas las zonas y características del Estado (Mediterráneo, norte, centro, sur, este y oeste), y se han considerado grandes zonas urbanas (Barcelona, Zaragoza, Vigo, Palma, Valladolid, Sevilla, Málaga y otras), así como poblaciones de medida mediana y municipios de menores dimensiones.

3. Ver: <http://joveneseinclusion.org/>.

La muestra se seleccionó aleatoriamente en un 58 % de los sujetos y se realizó por cuotas en un 35 % de los casos para conseguir el equilibrio por grupos (identidad de género, estudiantes-trabajadores, urbano-rural). Solo una pequeña parte de la muestra (7 %) se basó en la autoselección.

Instrumento. Al margen de otros estudios que completan la investigación, se diseñó y aplicó una encuesta web. Se realizó el análisis basado en una encuesta a jóvenes de dos grupos (siempre entre 16-29 años): estudiantes (bachillerato-FP, universitarios de 1er curso) y jóvenes trabajadores. Para evitar el sesgo de selección de los sujetos, se trabajó con encuestadores de la red Jóvenes e Inclusión, que controlaron la realización en cada una de las comunidades autónomas, lo cual facilitó el equilibrio de la muestra.

Trabajo de campo. Se realizó en todo el Estado a lo largo de los meses de mayo y junio de 2018. Se realizaron las últimas operaciones de equilibrio entre el 2 y el 10 de julio de 2018.

Procedimiento de análisis. Se ha tratado la muestra con SPSS 25 para Mac OS. Inicialmente se han realizado los análisis descriptivos básicos, presentados en este artículo. Los contrastes de hipótesis se han preparado para el informe del conjunto de la investigación.

4

Resultados

El tamaño de la muestra empírica total se completó con 2457 encuestas (margen de error para datos globales = 2,02; nivel de confianza: 2 sigmas; p = q).

4.1. Descripción de la muestra

Las edades de los encuestados para el conjunto de la muestra van de 16 a 29 años. Por lo que respecta a la media estatal es de 21,18 años (DE = 3,117) (tabla 2). Como se puede ver en la tabla 1, hay una mayor representación del grupo más joven, entre 16 y 22 años (64,1 %). Esta diferencia no afecta al análisis, ya que cada una de las submuestras de edad disponen de una excelente representatividad. Se observa una única alteración del equilibrio en la submuestra de Castilla-La Mancha, con mayor presencia del grupo más joven, lo cual influye en casi todas las variables, tanto descriptivas de su situación como variables relativas a sus experiencias y algunas opiniones. Se irán indicando las diferencias significativas.

Tabla 1. Distribución de la muestra por grupos de edad y comunidades autónomas

	Andalucía	Aragón	Castilla y León	Castilla-La Mancha	Cataluña	Galicia	Islas Baleares	TOTAL	
De 16 a 22 años	47,7 %	67,7 %	61,4 %	81,4 %	44,7 %	73,2 %	58,1 %	64,1 %	1.574
De 23 a 29 años	52,3 %	32,3 %	38,6 %	18,6 %	55,3 %	26,8 %	41,9 %	35,9 %	883

Tabla 2. Distribución de la media de edad por comunidades autónomas

	Andalucía	Aragón	Castilla y León	Castilla-La Mancha	Cataluña	Galicia	Islas Baleares	TOTAL
Media	22,35	21,22	21,71	19,39	22,68	20,64	21,48	21,18
DE	2,977	2,023	3,085	3,390	3,053	2,889	3,691	3,117

La muestra empírica se pudo mantener equilibrada para la identidad sexual, con un margen medio de un 51-48 %, se observó un máximo del 1,4 % para otras identidades en el conjunto de la muestra estatal. Esta cuestión de la identidad sexual se planteó de manera abierta para poder captar toda la variabilidad de las opciones que se quisiesen expresar. La estructura de las opciones es muy similar en las siete comunidades con las que se elabora la comparativa (tabla 3). Se obtuvieron 34 (1,39 %) respuestas diferentes de las absolutamente mayoritarias (hombre-mujer; masculino-femenino).[4] Se ha decidido mantener un tercer grupo para respetar opciones personales de respuesta.

Tabla 3. Distribución de la muestra por identidad sexual y comunidades autónomas

	Andalucía	Aragón	Castilla y León	Castilla-La Mancha	Cataluña	Galicia	Islas Baleares	TOTAL	
Masculina	56,0 %	45,2 %	46,4 %	50,0 %	43,9 %	48,0 %	49,6 %	47,8 %	1.174
Femenina	43,0 %	54,8 %	49,8 %	45,9 %	53,2 %	51,4 %	49,9 %	50,8 %	1.249
Otras	1,0 %	0,0 %	3,7 %	4,1 %	3,0 %	0,5 %	0,6 %	1,4 %	34

Por lo que respecta a la orientación sexual (tabla 4), domina la orientación heterosexual (76,7 %), seguida de la bisexual (9,3 %) y la homosexual (3,8 %). Hay una mayor presencia en Castilla y León de personas que se identifican como homosexuales (8,1 %), pero en el conjunto de la muestra representa el 3,8 %. La bisexualidad fue reconocida y declarada en mayor porcentaje (9,3 %), siendo Aragón la comunidad en la que se obtuvieron los valores más desta-

4. Las respuestas son muy diversas, desde «sin definir» hasta «transexual» o «en proceso». Seis personas contestaron «cisgénero», sin concretar respecto a qué género.

cados (12,9 %); pero no hay patrones diferenciados significativos (Chi-cuadrado de Pearson, p>0,05).

Tabla 4. Distribución de la muestra por orientación sexual y comunidades autónomas

	Andalucía	Aragón	Castilla y León	Castilla-La Mancha	Cataluña	Galicia	Islas Baleares	TOTAL	
Homosexual	1,6 %	2,7 %	8,1 %	0,0 %	5,9 %	2,0 %	6,3 %	3,8 %	93
Heterosexual	74,6 %	79,8 %	74,8 %	80,4 %	67,5 %	79,5 %	74,4 %	76,7 %	1.885
Bisexual	9,3 %	12,9 %	9,0 %	7,2 %	8,4 %	9,0 %	6,1 %	9,3 %	228
Asexual	0,0 %	0,0 %	0,0 %	0,0 %	0,0 %	0,7 %	0,0 %	0,2 %	4
Pansexual	0,0 %	0,0 %	0,9 %	0,0 %	1,7 %	0,7 %	2,5 %	0,8 %	20
Sin definir	0,0 %	0,5 %	4,0 %	2,1 %	3,4 %	2,7 %	0,0 %	1,8 %	44
Otros	0,0 %	0,9 %	0,0 %	0,0 %	1,3 %	1,9 %	2,2 %	1,1 %	27
No contesta	14,5 %	3,2 %	3,1 %	10,3 %	11,8 %	3,6 %	8,5 %	6,3 %	156

La muestra también se identifica según el origen de las personas encuestadas (tabla 5). Se obtiene una presencia absolutamente mayoritaria de adolescentes y jóvenes nacidos en España (91,0 %), seguido en importancia por las personas nacidas en América Latina (5,1 %) y la Unión Europea (1,8 %). Se puede considerar la presencia de jóvenes no nacidos en España como infrarrepresentada; sin embargo, la presencia de la diversidad cultural queda garantizada por la diversidad de comunidades autónomas y la diversidad de situaciones socioculturales y socioeconómicas de las personas encuestadas.

Tabla 5. Distribución de la muestra por origen (grandes zonas) y comunidades autónomas

	Andalucía	Aragón	Castilla y León	Castilla-La Mancha	Cataluña	Galicia	Islas Baleares	TOTAL	
España	87,6 %	95,2 %	93,8 %	69,1 %	94,9 %	91,9 %	91,5 %	91,0 %	2.235
Unión Europea	9,3 %	0,5 %	2,8 %	4,1 %	0,0 %	0,3 %	1,1 %	1,8 %	44
América Latina	0,0 %	2,7 %	1,9 %	22,7 %	3,4 %	4,6 %	6,9 %	5,1 %	125
Otras zonas	3,1 %	1,1 %	0,6 %	4,1 %	1,7 %	3,2 %	0,6 %	1,9 %	47
Sin datos	0,0 %	0,5 %	0,9 %	0,0 %	0,0 %	0,0 %	0,0 %	0,2 %	6

El nivel de estudios de la muestra (tabla 6) presenta las mismas características de normalidad que otras variables con distribución aleatoria. Observamos una presencia mayoritaria de jóvenes con Bachillerato o ciclos formativos completados (44,6 % en conjunto), seguidos de jóvenes con estudios universitarios (29,3 %) y de jóvenes con los estudios obligatorios como máximo nivel de estudios (12,3 %). Hay que observar que en Castilla-La Mancha hay significativamente menos universitarios (9,8 %) que en el conjunto de las siete comunidades autónomas (29,3 %), pero los otros grupos son muy similares. Esta diferencia se explica por las características de la muestra de esta comunidad -como se ha explicado anteriormente-, en la cual no se pudo obtener acceso a los jóvenes con estudios universitarios completados. Se obsevó una mayor presencia comparativamente de jóvenes que aún cursan estudios.

Tabla 6. Distribución de la muestra por nivel de estudios y comunidades autónomas

	Andalucía	Aragón	Castilla y León	Castilla-La Mancha	Cataluña	Galicia	Islas Baleares	TOTAL	
Sin estudios [1]	4,7 %	2,1 %	10,3 %	20,6 %	2,5 %	0,5 %	9,4 %	5,6 %	137
ESO	9,3 %	5,2 %	12,8 %	34,0 %	2,5 %	16,3 %	12,7 %	12,3 %	302
FP-Ciclo formativo	24,9 %	7,5 %	7,2 %	7,7 %	18,1 %	15,4 %	14,0 %	12,7 %	313
Bachillerato	11,4 %	45,7 %	31,2 %	18,6 %	14,3 %	38,4 %	30,6 %	31,9 %	785
Universitarios	39,9 %	33,6 %	32,4 %	9,8 %	48,1 %	22,9 %	22,9 %	29,3 %	720
No contesta	9,8 %	5,9 %	6,2 %	9,3 %	14,3 %	6,5 %	10,5 %	8,1 %	200

[1] Sin estudios o con estudios obligatorios no completados

La actividad principal (tabla 7) también presenta una diferencia significativa por lo que respecta a los jóvenes encuestados que solo estudian. En las comunidades autónomas participantes se trata del 52,3 % de la muestra, mientras que en algunas comunidades los valores son significativamente más altos (Aragón o Galicia) o más bajos (Cataluña o Islas Baleares). A pesar de esta diferencia, los jóvenes que estudian y trabajan en Cataluña y las Baleares pasan del 30 %, mientras que en la mayoría de las comunidades autónomas de comparación no llega a un 20 %. En Cataluña y Baleares, el patrón de actividad de los jóvenes encuestados está más orientado al trabajo, con un 82,3 % y 55,4 %, respectivamente, de todos los encuestados que realizan actividades laborales, sea complementado con estudios o no, más que el de los jóvenes de otras comunidades.

Por lo que respecta al peso del trabajo, ese patrón diferenciado se puede relacionar con la configuración de la muestra, pero parece bastante claro que los jóvenes estudiantes de Cataluña y Baleares están mucho más orientados a compatibilizar los estudios con el trabajo en contextos familiares o de contratación externa en precario. Esta condición no afecta a las respuestas aportadas a las preguntas de la encuesta, ya que no se han encontrado diferencias significativas entre los estudiantes y los trabajadores. Podría haber sido más significativa la diferenciación respecto a los jóvenes «ni-ni», pero su representación en la muestra es mínima. No se ha conseguido aumentar la representación de este subgrupo, lo cual constituye uno de los retos de futuro de los estudios en este campo. ¿Por qué puede ser significativa la diferencia? Se considera que la no limitación horaria de los «ni-ni» facilita una mayor dedicación al uso de internet, sea dedicado a redes sociales, a juegos en línea o a otro tipo de webs, entre las cuales se incluyen las de pornografía. En cualquier caso, esta hipótesis se tiene que contratar con encuestas representativas.

Tabla 7. Distribución de la muestra por actividad principal y comunidades autónomas

	Andalucía	Aragón	Castilla y León	Castilla-La Mancha	Cataluña	Galicia	Islas Baleares	TOTAL	
Estudia	38,9 %	64,5 %	49,5 %	46,4 %	17,7 %	73,2 %	35,0 %	52,3 %	1.285
Trabaja	34,7 %	6,4 %	10,6 %	25,8 %	50,2 %	8,7 %	19,6 %	17,4 %	428
Estudia y trabaja	12,4 %	25,9 %	6,9 %	16,0 %	32,1 %	14,3 %	35,8 %	20,8 %	512
Busca trabajo	14,0 %	2,7 %	21,2 %	11,9 %	0,0 %	3,9 %	7,4 %	7,4 %	183
Ni estudia ni trabaja	0,0 %	0,0 %	5,9 %	0,0 %	0,0 %	0,0 %	0,0 %	0,8 %	19
No contesta	0,0 %	0,5 %	5,9 %	0,0 %	0,0 %	0,0 %	2,2 %	1,2 %	30

La situación de convivencia (tabla 8) se vincula, en parte, a las edades dominantes de la muestra de cada comunidad. Los valores para el conjunto de la muestra permiten confirmar la situación mayoritaria de la convivencia en el domicilio familiar. Se trata de jóvenes que aún no han completado su emancipación (59,6 %), aunque con presencia de una amplia diversidad de situaciones, desde la convivencia en pareja (8,8 %) y la convivencia con otras personas (22,5 %) hasta la emancipación para vivir solo/a (5,9 %).

Tabla 8. Distribución de la muestra por situación de convivencia y comunidades autónomas

	Andalucía	Aragón	Castilla y León	Castilla-La Mancha	Cataluña	Galicia	Islas Baleares	TOTAL	
Vivo con mis padres	42,0 %	63,2 %	59,8 %	79,9 %	41,4 %	65,5 %	54,8 %	59,6 %	1.465
Vivo en pareja	10,9 %	4,8 %	10,9 %	5,7 %	16,9 %	6,3 %	12,7 %	8,8 %	217
Vivo solo/a	9,8 %	4,3 %	6,2 %	7,2 %	8,4 %	5,1 %	5,0 %	5,9 %	145
Vivo en un piso con otras personas	35,8 %	23,0 %	19,9 %	6,2 %	30,8 %	19,9 %	24,2 %	22,5 %	552
No contesta	1,6 %	4,6 %	3,1 %	1,0 %	2,5 %	3,2 %	3,3 %	3,2 %	78

La estructura de la muestra empírica presenta una elevada diversidad de situaciones, con equilibrios similares a los que presentan las poblaciones de referencia, de manera que se puede considerar con una calidad representativa suficiente. Los márgenes para las interpretaciones se han presentado en la sección de metodología.

4.2. Experiencias y opiniones en relación con la nueva pornografía

Pasando a las principales cuestiones estudiadas en la encuesta, la primera parte relevante se refiere a la educación afectivo-sexual recibida. Como se puede observar en la tabla 9, todavía no se puede considerar universalizada la educación afectivo-sexual. Un 15,5 % de los jóvenes encuestados reconocen no haber recibido nunca esta educación. No hay diferencias significativas entre las siete comunidades participantes. Además, hay un 14,6 % que no contesta a esta cuestión. Este resultado se puede interpretar de muchas maneras, pero es probable que una parte de quienes no contestan se pueda añadir al porcentaje de jóvenes sin educación afectivo-sexual.

Tabla 9. «Has recibido educación afectivo-sexual» (por comunidades autónomas)

	Andalucía	Aragón	Castilla y León	Castilla-La Mancha	Cataluña	Galicia	Islas Baleares	TOTAL	
Sí	56,5 %	69,5 %	70,4 %	67,0 %	67,9 %	72,3 %	76,3 %	69,9 %	1.718
No	20,2 %	12,5 %	15,3 %	16,5 %	17,7 %	16,5 %	14,3 %	15,5 %	381
No contesta	23,3 %	18,0 %	14,3 %	16,5 %	14,3 %	11,2 %	9,4 %	14,6 %	358

Esta cuestión es muy relevante, porque se considera que esta formación ayuda a consolidar los criterios sobre las relaciones interpersonales. Pero sabemos que tal formación se puede hacer de muchas maneras, no siempre satisfactorias para los jóvenes. Por eso se preguntaba a continuación si resolvió de manera satisfactoria sus inquietudes (ver la tabla 10).

Solo un 21,9 % de todos los jóvenes contesta que ha recibido esta formación y que le fue satisfactoria. A un 42,2 % solo les sirvió en parte o no les sirvió para contestar a sus preguntas, curiosidades e intereses. Ello significa que siguieron con dudas o expectativas que tenían que resolver de otra manera. Las diferencias entre las comunidades de comparación no son estadísticamente significativas (Chi-cuadrado de Pearson, $p>0,05$); sin embargo, vuelve a destacar Castilla-La Mancha con un patrón diferente y una muy elevada presencia de jóvenes que consideran su educación afectivo-sexual plenamente satisfactoria (41,2 %).

Tabla 10. «Respondieron a tus preguntas, a tu curiosidad y tus intereses» (por comunidades autónomas)

	Andalucía	Aragón	Castilla y León	Castilla-La Mancha	Cataluña	Galicia	Islas Baleares	TOTAL	
Sí, plenamente	13,0 %	22,9 %	14,0 %	41,2 %	15,2 %	21,6 %	26,7 %	21,9 %	538
Solo en parte	25,4 %	28,2 %	35,5 %	13,4 %	40,9 %	32,6 %	35,0 %	31,1 %	763
No	11,9 %	12,9 %	14,6 %	12,4 %	5,1 %	11,0 %	8,0 %	11,1 %	272
No contesta	6,2 %	5,5 %	6,2 %	0,0 %	6,8 %	7,1 %	6,6 %	5,9 %	145
No aplicable	43,5 %	30,5 %	29,6 %	33,0 %	32,1 %	27,7 %	23,7 %	30,1 %	739

Cuando preguntábamos sobre las alternativas para resolver estas dudas (tabla 11), mediante una pregunta no excluyente (podían contestar diversas opciones), las modalidades dominantes son las amistades (72,8 %) e internet (69,1 %), de manera muy similar en todas las comunidades. Internet se muestra como un agente nuevo y de una importancia indiscutible para los jóvenes.

Tabla 11. «Cómo has resuelto tus dudas (puedes contestar varias opciones)» (por comunidades autónomas)

	Andalucía	Aragón	Castilla y León	Castilla-La Mancha	Cataluña	Galicia	Islas Baleares	TOTAL	
Con mis padres	29,1 %	20,8 %	13,1 %	13,6 %	14,8 %	28,4 %	28,1 %	22,2 %	465
Con el profesorado	6,1 %	4,5 %	3,5 %	4,9 %	18,7 %	2,2 %	4,2 %	5,3 %	111
Con otras personas adultas	12,8 %	18,6 %	27,6 %	17,3 %	29,1 %	24,3 %	30,8 %	23,6 %	495
Con mis amistades	77,7 %	79,2 %	64,7 %	46,9 %	81,3 %	74,6 %	73,1 %	72,8 %	1.525
Con libros	21,6 %	21,6 %	24,4 %	8,6 %	31,0 %	19,9 %	16,9 %	20,8 %	435
En internet	73,0 %	74,2 %	74,6 %	55,6 %	69,5 %	70,8 %	59,5 %	69,1 %	1.449
Otras opciones	4,1 %	5,8 %	3,9 %	7,4 %	3,9 %	4,3 %	4,8 %	4,9 %	102
No contesta	0,0 %	2,6 %	2,1 %	9,9 %	3,9 %	4,9 %	4,8 %	4,0 %	83

En cuanto a los adultos de referencia (padres y profesorado), su presencia es muy reducida (27,5 % en conjunto), aunque hay que considerar otros adultos (otros familiares, monitores de tiempo libre, entrenadores deportivos, informadores juveniles, sanitarios y personal de servicios diversos), con una presencia significativa para el 23,6 % de los jóvenes. En cualquier caso, se ve la relevancia absoluta de las amistades e internet.

Pero, aunque la presencia de internet es fundamental para todos los jóvenes, el patrón de resolución de las dudas es algo diferente entre las identidades sexuales. Los chicos acuden a sus amistades en un 65,3 %, mientras que las chicas lo hacen en un 80,7 % de los casos. Además, los jóvenes parecen confiar más en los padres (25,6 %) que las jóvenes (19,1 %), siendo al revés la utilización de libros: 26,6 % para ellas y 15,4 % para ellos.

Tabla 12. «Cómo has resuelto tus dudas (puedes contestar varias opciones)» (por identidad sexual)

	Masculina	Femenina	Otras o No determinado	TOTAL	
Con mis padres	25,6 %	19,1 %	8,8 %	22,2 %	465
Con el profesorado	3,9 %	6,6 %	8,8 %	5,3 %	111
Con otras personas adultas	21,6 %	26,5 %	0,0 %	23,6 %	495
Con mis amistades	65,3 %	80,7 %	67,6 %	72,8 %	1.525
Con libros	15,4 %	26,6 %	11,8 %	20,8 %	435
En internet	67,4 %	70,5 %	82,4 %	69,1 %	1.449
Otras opciones	4,1 %	5,8 %	0,0 %	4,9 %	102
No contesta	4,6 %	3,3 %	5,9 %	4,0 %	83

Cuando pasamos a preguntar directamente por la relevancia de la pornografía (tabla 13), el 70,7 % reconoce que en los últimos años ha mirado pornografía. Eso significa que la presencia de la pornografía es mayoritaria entre los jóvenes. Hay que tener presente que un 11,1 % no contesta a esta cuestión, con una diferencia en este caso entre Baleares (No contesta: 5,8 %) y otras comunidades como por ejemplo Aragón (No contesta: 18 %) o Andalucía (17,1 %). No se puede asegurar el motivo de la no respuesta en este caso, aunque se puede interpretar que algunos jóvenes han dudado del anonimato de los datos o han considerado imprudente mostrar un hábito que consideran de dudosa consideración social.

Tabla 13. «Has mirado pornografía en los últimos cinco años» (por comunidades autónomas)

	Andalucía	Aragón	Castilla y León	Castilla-La Mancha	Cataluña	Galicia	Islas Baleares	TOTAL	
Sí	75,1 %	65,5 %	80,7 %	78,4 %	74,3 %	68,3 %	65,0 %	70,7 %	1.737
No	7,8 %	16,4 %	8,1 %	14,4 %	16,0 %	24,1 %	29,2 %	18,2 %	447
No contesta	17,1 %	18,0 %	11,2 %	7,2 %	9,7 %	7,6 %	5,8 %	11,1 %	273

En este caso, es especialmente relevante la diferencia de género. El análisis del conjunto de la muestra (siete comunidades autónomas) permite confirmar que hay una diferencia significativa entre hombres y mujeres (Chi-cuadrado de Pearson = 41,189; p = 0,000). Tal como se observa en la tabla 14, un 86,9 % de los hombres y un 54,8 % de las mujeres han mirado pornografía a lo largo de los últimos años. Aunque las personas que no contestan se encuentran más entre las mujeres (16,8 %) que entre los hombres (5,4 %), esta opción no afecta a la diferencia tan significativa entre unos y otros.

Tabla 14. «Has mirado pornografía en los últimos cinco años» (por identidad sexual)

	Masculina	Femenina	Otras o No determinado	TOTAL	
Sí	86,9 %	54,8 %	94,1 %	70,7 %	1.737
No	7,8 %	28,3 %	5,9 %	18,2 %	447
No contesta	5,4 %	16,8 %	0,0 %	11,1 %	273

Una cuestión también relevante se refiere a la edad de inicio de la visualización de pornografía. La media de edad de inicio son 14,84 años entre los jóvenes de las comunidades estudiadas (DE = 2,376; CV = 16,01 %), bastante representativa al tener una desviación muy reducida (tabla 17). Es muy similar la media de edad de las siete comunidades de comparación, con variaciones mínimas atribuibles a las diferencias de edad de las submuestras. Hay que destacar que el mínimo de edad para ver pornografía, en el cual se identifican 26 personas, son los 8 años. Si se considera el conjunto de quienes han empezado a ver pornografía antes de los 14 años, el porcentaje asciende al 18,15 % (446 personas). Una edad muy baja, en la cual claramente no hay el nivel de maduración necesario para elaborar lo que se ve en las pantallas.

Se puede comprobar que la mayoría de los jóvenes, un 59,7 %, comienzan antes de los 16 años (tabla 15). Aunque hay diferencias entre Castilla-La Mancha (70,8 % antes de los 16 años) y Baleares (65,8 % antes de los 16 años) respecto de otras comunidades como Aragón (51,4 % antes de los 16 años), esta diferencia no es significativa (p>0,05). A pesar del resultado estadístico, podemos pensar que hay alguna explicación para la diferencia, tal vez relacionada con la estructura de edad de la submuestra o con las características socioculturales diferenciadas, pero por ahora solo se puede especular.

Tabla 15. «A qué edad empezaste a mirar pornografía» (por comunidades autónomas)

	Andalucía	Aragón	Castilla y León	Castilla-La Mancha	Cataluña	Galicia	Islas Baleares	TOTAL	
Menor de 16 años	57,2 %	51,4 %	62,1 %	70,8 %	61,8 %	57,9 %	65,8 %	59,7 %	1.038
De 16 a 18 años	38,6 %	40,8 %	32,4 %	20,1 %	23,7 %	32,3 %	29,1 %	32,3 %	560
De 19 a 21 años	2,1 %	6,9 %	5,5 %	3,5 %	14,5 %	9,3 %	4,3 %	7,0 %	121
No contesta	2,1 %	0,9 %	0,0 %	5,6 %	0,0 %	0,5 %	0,9 %	1,1 %	18

Nota: En esta tabla solo se incluyen las 1737 personas que han consumido pornografía.

Siguiendo con el análisis diferencial, según la identidad sexual (tabla 16), los chicos empiezan a mirar pornografía a edades significativamente inferiores que las chicas ($p < 0,05$). Un 75,8 % de ellos y un 35,5 % de ellas empiezan antes de los 16 años. Es decir, los jóvenes de sexo masculino empiezan mayoritariamente antes de los 16 años (media = 14,02), mientras que ellas lo hacen entre los 16 y los 18 años (media = 16,14) (tabla 18)

Tabla 16. «A qué edad empezaste a mirar pornografía» (por identidad sexual)

	Masculina	Femenina	Otras o No determinado	TOTAL	
Menor de 16 años	75,8 %	35,5 %	75,0 %	59,7 %	1.038
De 16 a 18 años	22,0 %	48,2 %	10,7 %	32,3 %	560
De 19 a 21 años	1,2 %	15,1 %	14,3 %	7,0 %	121
No contesta	1,0 %	1,2 %	0,0 %	1,1 %	18

Nota: En esta tabla solo se incluyen las 1737 personas que han consumido pornografía.

En las tablas 17 y 18 se han precisado algo más los datos anteriores, aportando la edad mínima en la que se ha tenido contacto con la nueva pornografía, se observa que en la mayoría de comunidades se trata de los 8 años, aunque en las tres comunidades interiores (Aragón, Castilla y León y Castilla-La Mancha) esta edad es claramente superior: se sitúa en los 10 años. En cualquier caso, a los 13 años, el 25 % de todos los adolescentes ya ha tenido experiencias de consumo de pornografía y a los 15 años las han tenido el 50 % de los adolescentes.

Tabla 17. Media de edad en la que empezaron a mirar pornografía por comunidades autónomas

	Andalucía	Aragón	Castilla y León	Castilla-La Mancha	Cataluña	Galicia	Islas Baleares	TOTAL
Media	14,95	14,98	15,11	14,30	14,72	15,03	14,65	14,84
DE	2,258	2,481	2,108	1,983	3,092	2,482	2,121	2,376
Edad mínima	8	9	10	10	8	8	8	8
Percentil 25	13	13	14	13	13	13	13	13
Percentil 50	15	15	15	14	15	15	15	15

Según identidad sexual (tabla 18), la edad mínima es la misma en los dos grupos principales: a los 8 años hay algunos niños y niñas que han tenido sus primeras experiencias. Pero, el 25 % de los chicos ya ha tenido dicha experiencia a los 13 años, mientras en las chicas el 25 % se consigue a los 15 años. Hay una diferencia significativa que se mantiene si se observa a qué edad el 50 % de los adolescentes de cada sexo tiene esa experiencia: a los 14 años en los chicos y a los 16 años en las chicas. La curiosidad, la búsqueda activa de pornografía, la presión del grupo u otros motivos tienen efectos diferentes en los chicos y en las chicas.

Tabla 18. Media de edad en la que empezaron a mirar pornografía por identidad sexual

	Masculina	Femenina	Otras o No determinado	TOTAL
Media	14,02	16,14	15,14	14,84
DE	2,129	2,241	1,976	2,376
Edad mínima	8	8	13	8
Percentil 25	13	15	14	13
Percentil 50	14	16	15	15

Cuando se pregunta por los motivos más relevantes para ver pornografía (tabla 19), los jóvenes coinciden en dos motivos principales: para masturbarse (43,9 %) y por curiosidad (40,4 %), siendo el tercer motivo aprender sobre sexo (25,4 %). Esta cuestión no era excluyente y no hay un patrón significativamente diferente entre las comunidades de la muestra (p>0,05), sin embargo, se observan algunas diferencias singulares como la relevancia de la influencia de los amigos en Andalucía (20,2 %; la referencia de las siete comunidades es del 9,1 %) o los niveles superiores de motivación basada en la curiosidad en Castilla y León (52,3 %; la referencia de las siete comunidades es del 40,4 %).

Tabla 19. «Por qué mirabas pornografía (puedes contestar varias opciones)» (por comunidades autónomas)[5]

	Andalucía	Aragón	Castilla y León	Castilla-La Mancha	Cataluña	Galicia	Islas Baleares	TOTAL	
Para responder a la curiosidad	35,2 %	36,1 %	52,3 %	34,0 %	43,0 %	41,8 %	38,6 %	40,4 %	992
Para aprender sobre sexo	22,8 %	20,4 %	35,2 %	27,3 %	30,8 %	23,9 %	24,0 %	25,4 %	625
Para masturbarme	47,7 %	42,5 %	52,0 %	39,7 %	45,6 %	40,6 %	43,3 %	43,9 %	1.078
Porque lo hacían mis amigos/as	20,2 %	6,4 %	11,8 %	6,2 %	8,9 %	5,1 %	12,9 %	9,1 %	223
Por otros motivos	3,1 %	2,7 %	2,8 %	0,0 %	3,8 %	3,7 %	6,3 %	3,4 %	84
No contesta	23,8 %	25,5 %	12,1 %	21,1 %	18,1 %	10,9 %	9,6 %	16,7 %	411
No aplicable	7,8 %	15,7 %	8,1 %	14,4 %	16,0 %	24,1 %	29,2 %	18,0 %	447

Como en otras cuestiones, se ha explorado la posibilidad de observar patrones diferenciados en las comunidades del interior (Aragón, Castilla y León, Castilla-La Mancha) y de las comunidades de la costa mediterránea y atlántica (Andalucía, Cataluña, Galicia, Islas

5. A partir de esta tabla, casi en todas las preguntas se presenta la muestra incluyendo a las 447 personas que no han consumido pornografía. En algunas preguntas posteriores sí han aportado su opinión, por lo que dejará de presentarse esta fila. Se hace así para mantener las interpretaciones respecto del 100 % de la muestra, y no representar en exceso a quienes son consumidores de pornografía.

Baleares), pero o no hay diferencias significativas o no se puede llegar a conclusiones consistentes; solo en alguna ocasión se puede hablar de un patrón diferenciado.

Si se presta atención a las diferencias según la identidad sexual (tabla 20), para los chicos la motivación principal es masturbarse en un 62,4 % de toda la muestra, mientras solo lo es para un 25,3 % de las chicas. Además, el aprendizaje sobre sexo y la influencia de los amigos es claramente superior en ellos que en ellas (33,1 %, 13,5 % en ellos; 17,4 %, 5,0 % en ellas).

Como ya hemos visto anteriormente, el porcentaje de mujeres que se autoexcluyen del consumo de pornografía es muy elevado (28,0 %), pero en esta cuestión concreta se presenta también una mayor indefinición, ya que un 23,4 % de las mujeres no contesta.

Tabla 20. «Por qué mirabas pornografía (puedes contestar varias opciones)» (por identidad sexual)

	Masculina	Femenina	Otras o No determinado	TOTAL	
Para responder a la curiosidad	45,4 %	34,7 %	73,5 %	40,4 %	992
Para aprender sobre sexo	33,1 %	17,4 %	55,9 %	25,4 %	625
Para masturbarme	62,4 %	25,3 %	88,2 %	43,9 %	1.078
Porque lo hacían mis amigos/as	13,5 %	5,0 %	5,9 %	9,1 %	223
Por otros motivos	3,8 %	2,9 %	8,8 %	3,4 %	84
No contesta	10,1 %	23,4 %	0,0 %	16,7 %	411
No aplicable	7,8 %	28,0 %	5,9 %	18,0 %	447

Cuando se plantea cómo se llega a la pornografía (tabla 21), las respuestas muestran un patrón de búsqueda activa que incluye la búsqueda en internet (27,1 %), junto a la ayuda de las amistades (17,7 %). Es algo más inquietante el encuentro fortuito en internet (14,7 %), lo cual nos permite pensar en la política agresiva de muchas organizaciones de distribución de pornografía o asociadas, es decir, con negocios vinculados a la pornografía.

Tabla 21. «Cómo descubriste la pornografía» (por comunidades autónomas)

	Andalucía	Aragón	Castilla y León	Castilla-La Mancha	Cataluña	Galicia	Islas Baleares	TOTAL	
Mirando en internet, la encontré sin buscarla	10,9 %	15,4 %	17,1 %	24,7 %	14,3 %	14,6 %	8,8 %	14,7 %	362
Buscando en internet	21,8 %	26,8 %	36,1 %	12,9 %	30,8 %	30,4 %	22,0 %	27,1 %	665
Las amistades me ayudaron	21,2 %	14,5 %	23,4 %	20,6 %	10,5 %	14,4 %	24,5 %	17,7 %	436
De otra manera	14,0 %	5,4 %	3,1 %	12,4 %	6,8 %	5,3 %	6,6 %	6,6 %	162
No contesta	24,4 %	21,6 %	12,1 %	14,9 %	21,5 %	11,2 %	8,8 %	15,7 %	385
No aplicable	7,8 %	16,4 %	8,1 %	14,4 %	16,0 %	24,1 %	29,2 %	18,2 %	447

El hecho de que se pueda encontrar pornografía sin buscarla aumenta el riesgo en la infancia. Es muy habitual la frecuentación de webs genéricas, de buscadores o de redes sociales que pueden facilitar el acceso a la pornografía a edades muy reducidas, tal y como ya se ha mostrado. La hipersexualización de una parte importante de internet puede provocar situaciones de riesgo, que aumentan en la infancia.

El patrón de búsqueda activa es más frecuente en hombres (el 33,1 % busca pornografía; el 62,4 % se deja ayudar por los amigos), mientras que en las mujeres es más frecuente encontrarla sin buscarla (34,7 %) que buscarla activamente (17,4 %) (tabla 22). En cualquier caso, se puede pensar que en esta declaración puede haber un sesgo de deseabilidad social; es decir, es posible que una parte de los chicos y las chicas encuestadas se hayan dejado influir por lo que consideran socialmente mejor aceptado. Mientras que en una parte de las chicas eso significa dejar de contestar, en una parte de los chicos puede significar explicar más abiertamente sus comportamientos sexuales. Esto no quiere decir que unos u otras mientan o que lo hagan con la intencionalidad de engañar, sino que unas personas quieren parecer entendidas y otras prefieren no revelar información personal que consideran cuestionable, en especial, sus comportamientos sexuales.

Se puede observar que, en el caso de las mujeres, a la pregunta anterior sobre la motivación para mirar pornografía, un 23,4 % no contestaba, pero en esta cuestión la opción «no contesta» baja hasta un 2,9 %.

Tabla 22. «Cómo descubriste la pornografía» (por identidad sexual)

	Masculina	Femenina	Otras o No determinado	TOTAL	
Mirando por internet, la encontré sin buscarla	45,4 %	34,7 %	73,5 %	40,4 %	992
Buscando en internet	33,1 %	17,4 %	55,9 %	25,4 %	625
Las amistades me ayudaron	62,4 %	25,3 %	88,2 %	43,9 %	1.078
De otra manera	13,5 %	5,0 %	5,9 %	9,1 %	223
No contesta	3,8 %	2,9 %	8,8 %	3,4 %	84
No aplicable	10,1 %	23,4 %	0,0 %	16,7 %	411

Una de las cuestiones clave es cómo se da uso a la pornografía, en especial, cuál es la intensidad declarada con la que frecuentan la pornografía en internet. Como puede verse en la tabla 23, la mayoría de las personas encuestadas solo reconocen la frecuentación ocasional de webs pornográficas. Un 58,8 % dice que solo la mira ocasionalmente o algunas veces a la semana. Solo un 7,6 % de todos los jóvenes reconoce un uso frecuente (una o más veces al día). Este porcentaje aumenta hasta el 11,4 % si solo se consideran los jóvenes que declaran mirar pornografía. No hay diferencias significativas entre las diversas comunidades ($p > 0,05$), aunque hay variaciones considerables en la opción de «no contesta»: desde el 8,0 % en Baleares hasta el 22,7 % en Aragón.

Tabla 23. «Con qué frecuencia miras pornografía» (por comunidades autónomas)

	Andalucía	Aragón	Castilla y León	Castilla-La Mancha	Cataluña	Galicia	Islas Baleares	TOTAL	
Alguna vez	46,1 %	35,7 %	46,4 %	40,2 %	35,9 %	45,5 %	32,8 %	40,2 %	988
Semanalmente	20,7 %	17,9 %	20,6 %	17,0 %	19,0 %	16,8 %	20,4 %	18,6 %	457
Diariamente	3,1 %	5,9 %	7,2 %	9,3 %	7,2 %	3,2 %	7,4 %	5,8 %	143
Varias veces al día	0,0 %	1,4 %	3,7 %	2,1 %	3,8 %	0,3 %	2,2 %	1,8 %	43
No contesta	22,3 %	22,7 %	14,0 %	17,0 %	18,1 %	10,0 %	8,0 %	15,4 %	379
No aplicable	7,8 %	16,4 %	8,1 %	14,4 %	16,0 %	24,1 %	29,2 %	18,2 %	447

La frecuentación de la pornografía en internet, como otras cuestiones estudiadas antes, muestra niveles muy diferentes en los chicos y en las chicas (tabla 24): ellos hacen un consumo diario en un 14,4 % de los casos, mientras ellas solo en un 0,8 %. Otra vez vuelve a aparecer una presencia también diferente del «no contesta»: un 22,2 % de ellas y solo un 8,7 % de ellos prefieren no comprometerse con una respuesta. Como se puede observar, hay algunas cuestiones en las que la diferencia respecto al silencio o al no compromiso es clara.

Tabla 24. «Con qué frecuencia miras pornografía» (por identidad sexual)

	Masculina	Femenina	Otras o No determinado	TOTAL	
Alguna vez	37,1 %	42,4 %	64,7 %	40,2 %	988
Semanalmente	32,0 %	6,2 %	8,8 %	18,6 %	457
Diariamente	11,3 %	0,5 %	11,8 %	5,8 %	143
Varias veces al día	3,1 %	0,3 %	8,8 %	1,8 %	43
No contesta	8,7 %	22,2 %	0,0 %	15,4 %	379
No aplicable	7,8 %	28,3 %	5,9 %	18,2 %	447

Para completar el análisis del consumo de nueva pornografía por parte de los jóvenes, se consultó sobre el cambio a lo largo de los años de la frecuencia (tabla 25).

Tabla 25. «A lo largo de los años has mirado más o menos pornografía» (por comunidades autónomas)

	Andalucía	Aragón	Castilla y León	Castilla-La Mancha	Cataluña	Galicia	Islas Baleares	TOTAL	
Cada vez he mirado más	20,7 %	21,6 %	28,3 %	24,2 %	29,5 %	18,3 %	20,4 %	22,4 %	551
Cada vez he mirado menos	20,2 %	18,2 %	20,6 %	8,8 %	17,3 %	25,5 %	20,1 %	19,9 %	488
Casi siempre igual	32,6 %	22,1 %	30,8 %	38,1 %	19,0 %	22,6 %	20,7 %	24,9 %	613
No contesta	18,7 %	21,6 %	12,1 %	14,4 %	18,1 %	9,5 %	9,6 %	14,6 %	358
No aplicable	7,8 %	16,4 %	8,1 %	14,4 %	16,0 %	24,1 %	29,2 %	18,2 %	447

La declaración de los encuestados no muestra cambios relevantes a lo largo del tiempo. Es cierto que un 22,4 % indica que ha ido aumentando la frecuencia, mientras que un 19,9 % indica que ha reducido la visualización de pornografía; es decir, no se observa un patrón ni de incremento ni de reducción. Hay diferencias singulares entre comunidades; por ejemplo, en Cataluña parece que aumenta el consumo con la edad (29,5 %), mientras que en Galicia parece disminuir (25,5 %).

En esta cuestión del cambio de nivel de consumo con la edad, hay también diferencias entre hombres y mujeres. Se observa un aumento entre los hombres (32,5 %) muy superior a los que disminuyen el consumo (18,0 %); pero entre las mujeres, son más las que disminuyen el consumo (20,9 %) frente a las que lo aumentan (13,4 %). Es especialmente significativa la diferencia en el tercer grupo de otras identidades, con una reducción del consumo muy clara (47,1 %).

Tabla 26. «A lo largo de los años has mirado más o menos pornografía» (por identidad sexual)

	Masculina	Femenina	Otras o No determinado	TOTAL	
Cada vez he mirado más	32,5 %	13,4 %	8,8 %	22,4 %	551
Cada vez he mirado menos	18,0 %	20,9 %	47,1 %	19,9 %	488
Casi siempre igual	33,8 %	16,3 %	38,2 %	24,9 %	613
No contesta	8,0 %	21,1 %	0,0 %	14,6 %	358
No aplicable	7,8 %	28,3 %	5,9 %	18,2 %	447

Para intentar entender qué puede motivar los cambios en el consumo a lo largo del tiempo, se les preguntó por los motivos conscientes de dicho cambio (tabla 27). La mayoría no considera que haya una motivación especial (48,5 %), es decir, o no es consciente de la motivación o no la quiere declarar. Tener pareja parece ser una motivación determinante de la reducción del consumo, ya que un 10,1 % mira menos porno al tenerla. Además, un 8,6 % entiende que no tener pareja motivó el incremento del consumo.

Tabla 27. «Qué ha motivado que miraras más o menos pornografía» (por comunidades autónomas)

	Andalucía	Aragón	Castilla y León	Castilla-La Mancha	Cataluña	Galicia	Islas Baleares	TOTAL	
Nada	49,2%	48,4%	54,8%	47,4%	50,2%	48,0%	43,0%	48,5%	1.192
No tener pareja hacía que mirara más	8,3%	7,5%	8,1%	8,2%	13,9%	7,8%	9,1%	8,6%	212
Tener pareja hacía que mirara menos	14,5%	6,4%	12,8%	12,4%	9,3%	10,0%	10,7%	10,1%	249
No contesta	20,2%	21,3%	16,2%	17,5%	10,5%	10,0%	8,0%	14,5%	357
No aplicable	7,8%	16,4%	8,1%	14,4%	16,0%	24,1%	29,2%	18,2%	447

Los hombres son los más afectados por la pareja para reducir el consumo (15,3 %) o para aumentarlo cuando no la tienen (11,8 %). A las mujeres les afecta de manera mucho más limitada: solo un 4,8 % reduce su consumo cuando tiene pareja y un 5,8 % lo aumenta cuando no tiene pareja. El tercer grupo de identidades claramente reduce su consumo cuando dispone de pareja (26,5 %), y no tenerla no representa un motivo para ver pornografía.

Tabla 28. «Qué ha motivado que miraras más o menos pornografía» (por identidad sexual)

	Masculina	Femenina	Otras o No determinado	TOTAL	
Nada	55,8%	41,2%	67,6%	48,5%	1.192
No tener pareja hacía que mirara más	11,8%	5,8%	0,0%	8,6%	212
Tener pareja hacía que mirara menos	15,3%	4,8%	26,5%	10,1%	249
No contesta	9,3%	19,9%	0,0%	14,5%	357
No aplicable	7,8%	28,3%	5,9%	18,2%	447

Para analizar cómo se produce el consumo de la pornografía se hicieron diversas preguntas, entre ellas se preguntaba cómo miraban la pornografía (tabla 29), y se ha comprobado que se trata de un consumo individual y aislado, ya que el 70,7 % lo hace solo/a, solo un 7,0 % lo hace con amigos y un 5,5 % con amigas. No hay diferencias estadísticamente significativas entre comunidades autónomas, aunque en Castilla y León se llegue hasta un 80,7 % de consumo en solitario, mientras en Baleares se trata de un 65,0 %. Este resultado es coherente con la motivación principal del consumo de pornografía: masturbarse, tal y como se comprueba al cruzar ambas preguntas.

Tabla 29. «Cómo miras la pornografía (puedes contestar varias opciones)» (por comunidades autónomas)

	Andalucía	Aragón	Castilla y León	Castilla-La Mancha	Cataluña	Galicia	Islas Baleares	TOTAL	
Solo/a	75,1 %	65,5 %	80,7 %	78,4 %	74,3 %	68,3 %	65,0 %	70,7 %	1.737
Con mis amigos	10,4 %	6,1 %	10,3 %	10,3 %	3,8 %	5,4 %	6,6 %	7,0 %	172
Con mis amigas	4,7 %	3,2 %	5,6 %	4,1 %	3,8 %	7,0 %	8,8 %	5,5 %	135
No contesta	17,1 %	18,0 %	11,2 %	7,2 %	9,7 %	7,6 %	5,8 %	11,1 %	273
No aplicable	7,8 %	16,4 %	8,1 %	14,4 %	16,0 %	24,1 %	29,2 %	18,2 %	447

Cuando se diferencia por identidad sexual (tabla 30), los hombres son los que mayoritariamente miran la pornografía solos (86,9 %), mientras las mujeres la ven solas bastante menos (54,8 %). En cualquier caso, otra vez las mujeres dejan de contestar mucho más que los hombres: un 16,8 % ellas y un 5,4 % ellos. El tercer grupo de identidades contesta íntegramente (no deja de contestar ni una persona de este grupo), mostrando que ven pornografía solas (94,1 %), pero también con amigos (32,4 %) y amigas (11,8 %).

Tabla 30. «Cómo miras la pornografía (puedes contestar varias opciones)» (por identidad sexual)

	Masculina	Femenina	Otras o No determinado	TOTAL	
Solo/a	86,9 %	54,8 %	94,1 %	70,7 %	1.737
Con mis amigos	10,3 %	3,2 %	32,4 %	7,0 %	172
Con mis amigas	4,5 %	6,2 %	11,8 %	5,5 %	135
No contesta	5,4 %	16,8 %	0,0 %	11,1 %	273
No aplicable	7,8 %	28,3 %	5,9 %	18,2 %	447

Que se vea mayoritariamente solos es coherente con la visualización mayoritaria en el domicilio (tabla 31), en sus casas (69,1 %), el resto de lugares son muy minoritarios (5,2 %). Se puede confirmar el perfil del consumo; es una práctica individual, privada. No se observan diferencias entre las comunidades participantes, aunque en alguna comunidad, como Cataluña (11,8 %) o Castilla y León (9,7 %), está más presente el consumo de pornografía fuera del domicilio.

En este caso, las dudas sobre la diferencia entre chicos y chicas (tabla 32) se debe otra vez al «no contesta» elevado por parte de las chicas (18,0 %). En cualquier caso, el consumo de pornografía fuera del domicilio es una práctica masculina (8,8 %), muy poco frecuente entre las mujeres (1,6).

Tabla 31. «Dónde miras pornografía (puedes contestar varias opciones)» (por comunidades autónomas)

	Andalucía	Aragón	Castilla y León	Castilla-La Mancha	Cataluña	Galicia	Islas Baleares	TOTAL	
En casa	75,1 %	65,0 %	78,5 %	69,5 %	74,3 %	67,6 %	62,6 %	69,1 %	1.693
En el centro educativo	1,6 %	0,5 %	3,4 %	2,1 %	2,5 %	1,0 %	2,2 %	1,7 %	41
En bares o cibercafés	0,0 %	0,0 %	4,7 %	2,1 %	6,8 %	3,1 %	4,4 %	2,8 %	69
En el trabajo	0,0 %	0,0 %	1,6 %	0,0 %	2,5 %	0,2 %	1,1 %	0,7 %	16
No contesta	17,1 %	18,6 %	12,5 %	13,7 %	9,7 %	7,6 %	6,9 %	12,1 %	296
No aplicable	7,8 %	16,4 %	8,1 %	14,7 %	16,0 %	24,1 %	29,4 %	18,2 %	447

Tabla 32. «Dónde miras pornografía (puedes contestar varias opciones)» (por identidad sexual)

	Masculina	Femenina	Otras o No determinado	TOTAL	
En casa	85,2 %	53,3 %	94,1 %	69,1 %	1.693
En el centro educativo	3,0 %	0,5 %	0,0 %	1,7 %	41
En bares o cibercafés	4,4 %	1,1 %	8,8 %	2,8 %	69
En el trabajo	1,4 %	0,0 %	0,0 %	0,7 %	16
No contesta	6,1 %	18,0 %	0,0 %	12,1 %	296
No aplicable	7,8 %	28,4 %	5,9 %	18,2 %	447

La nueva pornografía, tal y como se ha dicho en la introducción, es un fenómeno de pantallas, llega al consumidor a través de un sistema de comunicación audiovisual. La pornografía en papel no representa ni un 0,5 % del consumo de pornografía entre los jóvenes (tabla 33). ¿Con qué aparatos se consume la pornografía? Un 43,1 % lo hace con el ordenador de sobremesa y un 50,4 % en el móvil; los otros medios (tableta, DVD, televisor, etc.) no tienen relevancia y en ningún caso llegan al 5 %. Según el balance anual de PornHub (2018), el móvil concentra el 67 % de todo el consumo mundial de nueva pornografía. En solo dos años (2015-2017) ha aumentado 14,1 puntos porcentuales, desde el 52,9 %. Por lo tanto, la presencia del móvil como medio de consumo de pornografía probablemente no dejará de crecer en los próximos años, de acuerdo con las tendencias internacionales, basadas en la mejora de la transferencia de vídeos.

A pesar del dominio creciente del móvil como medio de acceso, en algunas comunidades se observa una presencia destacada de los ordenadores de sobremesa, como en Andalucía (57,6 %) y Cataluña (57,8 %), muy superior en estas comunidades al uso del móvil (34,0 % y 23,6 %, respectivamente). También en Baleares el ordenador de sobremesa es aún el medio de acceso preferente (45,2 %), superior al uso del móvil (31,7 %). La explicación no puede hallarse en los costes de los dispositivos, más bien parece que puede deberse a los costes de las conexiones wifi o a otras causas que hay que investigar.

Tabla 33. «En qué aparatos o de qué manera miras pornografía (puedes contestar varias opciones)» (por comunidades autónomas)

	Andalucía	Aragón	Castilla y León	Castilla-La Mancha	Cataluña	Galicia	Islas Baleares	TOTAL	
Ordenador	57,6 %	34,3 %	31,2 %	43,2 %	57,8 %	46,2 %	45,2 %	43,1 %	1.058
Tableta	1,6 %	3,0 %	8,1 %	6,8 %	5,1 %	4,1 %	3,9 %	4,4 %	109
Móvil	34,0 %	65,4 %	71,3 %	64,6 %	23,6 %	47,9 %	31,7 %	50,4 %	1.237
Televisión	7,9 %	2,0 %	1,6 %	2,1 %	3,4 %	1,7 %	2,8 %	2,6 %	63
DVD, vídeos	3,1 %	1,6 %	0,0 %	2,1 %	0,0 %	0,3 %	0,0 %	0,9 %	21
Libros o revistas	0,0 %	0,0 %	2,5 %	0,0 %	0,0 %	0,0 %	0,6 %	0,4 %	10
No contesta	18,8 %	18,0 %	15,3 %	10,4 %	13,1 %	8,5 %	12,9 %	13,6 %	334
No aplicable	7,9 %	16,4 %	8,1 %	14,6 %	16,0 %	24,1	29,2 %	18,2 %	447

Por lo que se refiere al medio para acceder a la pornografía, es dominante el móvil entre las chicas (38,4 %), los chicos (62,5) y el tercer grupo de identidades, aunque sigue manteniéndose un nivel elevado de no respuesta entre ellas (18,5 %).

Tabla 34. «En qué aparatos o de qué manera miras pornografía (puedes contestar varias opciones)» (por identidad sexual)

	Masculina	Femenina	Otras o No determinado	TOTAL	
Ordenador	54,4 %	32,2 %	52,9 %	43,1 %	1.693
Tableta	6,3 %	2,2 %	20,6 %	4,4 %	109
Móvil	62,5 %	38,4 %	76,5 %	50,4 %	1.237
Televisión	2,5 %	2,6 %	2,9 %	2,6 %	63
DVD, vídeos	1,1 %	0,6 %	0,0 %	0,9 %	21
Libros o revistas	0,5 %	0,3 %	0,0 %	0,4 %	10
No contesta	8,7 %	18,5 %	2,9 %	13,6 %	334
No aplicable	7,8 %	28,4 %	5,9 %	18,2 %	447

A continuación, se estudiaron los impactos del consumo de pornografía. Se trata de un tema algo más comprometido, ya que se puede dar a entender que se trata de una conducta considerada negativamente, por lo que podría aumentar la tasa de no respuesta. Se intentó captar las propias valoraciones de los jóvenes sobre los efectos que valoraban más, tanto en positivo (tablas 35 y 36) como en negativo (tablas 37 y 38).

La primera cuestión se centra en los efectos positivos. Se dieron opciones de respuesta múltiple (tabla 35). Los dos más destacados, de manera coherente con la motivación para consumir pornografía, son la masturbación satisfactoria (38,6 %) y la respuesta efectiva a la curiosidad (37,9 %). La tercera valoración positiva es el aprendizaje sobre sexo (25,3 %). No hay un patrón diferenciado por comunidades, pero como en otras cuestiones, sí se observan algunas diferencias singulares que se pueden destacar. En casi todas las comunidades se mantiene la jerarquía de valoraciones: la masturbación satisfactoria se mantiene como lo más destacado o con empates entre ella y la curiosidad, con la excepción de Castilla-La Mancha y de Galicia, en las cuales la primera valoración con diferencia es la curiosidad personal.

Tabla 35. «Según tu experiencia, qué efectos positivos valoras más (puedes contestar varias opciones)» (por comunidades autónomas)

	Andalucía	Aragón	Castilla y León	Castilla-La Mancha	Cataluña	Galicia	Islas Baleares	TOTAL	
Responder a la curiosidad	28,5%	30,9%	44,2%	45,9%	45,1%	40,7%	34,7%	37,9%	931
Aprender sobre sexo	26,9%	17,4%	28,7%	29,9%	35,9%	27,1%	21,8%	25,3%	622
Masturbarme a gusto	49,2%	40,4%	43,0%	26,8%	47,7%	31,0%	38,8%	38,6%	947
Relación con los amigos/as	6,2%	2,0%	5,3%	9,8%	12,7%	3,4%	5,8%	5,3%	130
Otros efectos	0,0%	2,7%	2,8%	6,2%	7,6%	4,1%	8,0%	4,4%	107
Ningún efecto positivo	5,2%	4,8%	11,5%	3,6%	7,6%	9,4%	8,8%	7,6%	186
No contesta	18,7%	19,5%	12,1%	11,9%	9,7%	10,9%	9,9%	13,4%	330
No aplicable	7,8%	16,5%	8,1%	14,4%	16,0%	24,2%	29,2%	18,2%	447

Tabla 36. «Según tu experiencia, qué efectos positivos valoras más (puedes contestar varias opciones)» (por identidad sexual)

	Masculina	Femenina	Otras o No determinado	TOTAL	
Responder a la curiosidad	47,6%	28,3%	58,8%	37,9%	931
Aprender sobre sexo	36,3%	15,1%	23,5%	25,3%	622
Masturbarme a gusto	57,4%	20,2%	64,7%	38,6%	947
Relación con los amigos/as	7,7%	2,3%	32,4%	5,3%	130
Otros efectos	6,5%	2,2%	11,8%	4,4%	107
Ningún efecto positivo	4,7%	10,3%	8,8%	7,6%	186
No contesta	6,7%	20,0%	5,9%	13,4%	330
No aplicable	7,8%	28,4%	5,9%	18,2%	447

Es interesante destacar también que un pequeño porcentaje de jóvenes considera que la pornografía no tiene nada positivo. Se trata de un 7,6 % de toda la muestra. Como se podía prever, a partir del resto de resultados, las mujeres son las que concentran esta valoración. Un 10,3 % considera que no tiene nada positivo (tabla 36). También hay diferencias significativas en la valoración de la masturbación satisfactoria: es un efecto positivo para el 57,4 % de los chicos y solo para un 20,2 % de las chicas. Las diferencias se mantienen en la respuesta a la curiosidad, representando un efecto positivo para el 47,6 % de ellos y veinte puntos menos para ellas (28,3 %).

La segunda cuestión trata de los efectos negativos; se dan también opciones de respuesta múltiple (tabla 37). Hay que decir que se observa una gran diferencia con respecto a la identificación de efectos positivos; en este caso solo se consiguen porcentajes de valoraciones reducidos. Los dos más destacados son el aburrimiento (16,5 %) y el impacto negativo sobre la relación con los amigos (4,4 %). La tercera valoración negativa es el impacto sobre la relación con la pareja (2,9 %).

Tabla 37. «Según tu experiencia, qué efectos negativos te han afectado más (puedes contestar varias opciones)» (por comunidades autónomas)

	Andalucía	Aragón	Castilla y León	Castilla-La Mancha	Cataluña	Galicia	Islas Baleares	TOTAL	
Me llegué a aburrir	13,5 %	18,6 %	16,8 %	14,6 %	19,8 %	14,3 %	16,8 %	16,5 %	404
Afectaba a mi relación con la pareja	4,1 %	2,1 %	4,4 %	2,6 %	0,0 %	2,7 %	4,4 %	2,9 %	71
Afectaba a mi relación con los amigos/as	0,0 %	3,6 %	3,7 %	7,3 %	3,0 %	3,2 %	9,9 %	4,4 %	108
Afectó a los estudios	1,0 %	0,5 %	5,0 %	0,0 %	5,5 %	1,7 %	0,8 %	1,9 %	47
Afectó en el trabajo	0,0 %	0,0 %	0,0 %	0,0 %	0,0 %	0,0 %	1,1 %	0,2 %	4
Otros efectos	9,8 %	7,7 %	8,7 %	6,8 %	7,6 %	8,3 %	9,4 %	8,3 %	204
Ningún efecto negativo	39,9 %	36,8 %	43,9 %	34,9 %	37,1 %	40,8 %	26,2 %	37,2 %	914
No contesta	29,5 %	18,0 %	15,9 %	21,9 %	13,9 %	11,1 %	11,3 %	15,9 %	390
No aplicable	7,8 %	16,4 %	8,1 %	14,6 %	16,0 %	24,1 %	29,2 %	18,2 %	447

Un porcentaje elevado de jóvenes considera que la pornografía no tiene nada negativo (37,2 %); en realidad se trata de la valoración más frecuente en esta pregunta, lo cual contrasta claramente con las respuestas sobre los efectos positivos.

No hay un patrón diferenciado por comunidades, en parte por la reducida frecuencia de las valoraciones negativas. Se puede destacar la diferencia entre Baleares y otras comunidades en la no identificación de efectos negativos. En Baleares responde con esa valoración un 26,2 % de los jóvenes, mientras que en Castilla y León o en Galicia esa valoración pasa del 40 % de respuestas.

Esa misma diferenciación se produce cuando se analizan las respuestas según identidad sexual. Un 28,2 % de las mujeres no ven nada negativo, frente a un 46,6 % de los hombres. Claramente, hay una diferencia en la percepción de los efectos de la pornografía. En general, parece que a las mujeres les afecta menos o no son conscientes de los impactos negativos. Por lo que respecta a los impactos sobre las relaciones con la pareja, solo un 0,8 % de mujeres valora efectos negativos, mientras que los hombres lo hacen en un 8,0 % de los casos. Esta discrepancia debe tener explicación en una percepción diferente de dichos efectos.

Tabla 38. «Según tu experiencia, qué efectos negativos te han afectado más (puedes contestar varias opciones)» (por identidad sexual)

	Masculina	Femenina	Otras o No determinado	TOTAL	
Me llegué a aburrir	18,5 %	13,9 %	41,2 %	16,5 %	404
Afectaba a mi relación con la pareja	5,2 %	0,8 %	0,0 %	2,9 %	71
Afectaba a mi relación con los amigos/as	8,0 %	0,8 %	11,8 %	4,4 %	108
Afectó a los estudios	3,2 %	0,8 %	0,0 %	1,9 %	47
Afectó en el trabajo	0,3 %	0,0 %	0,0 %	0,2 %	4
Otros efectos	8,4 %	8,2 %	8,8 %	8,3 %	204
Ningún efecto negativo	46,6 %	28,2 %	44,1 %	37,2 %	914
No contesta	10,7 %	21,3 %	0,0 %	15,9 %	390
No aplicable	7,76 %	28,39 %	5,88 %	18,22 %	447

Las respuestas permiten concluir que sí se producen impactos negativos, siendo el principal que a la pareja le molesta, por diversos motivos, que vea pornografía (4,8 %). El otro efecto negativo era el aburrimiento con la pareja (3,1 %), motivado por la menor oportunidad de realizar lo que se ha observado en la pornografía o por la percepción de monotonía. El último de los efectos identificados es que le exigía hacer a su pareja lo que había visto en el porno (1,9 %).

Tabla 39. «Si la pornografía afectó de alguna manera a tus relaciones de pareja, cómo fue (puedes contestar varias opciones)» (por comunidades autónomas)

	Andalucía	Aragón	Castilla y León	Castilla-La Mancha	Cataluña	Galicia	Islas Baleares	TOTAL	
Le exigía hacer lo que veía	0,0 %	1,1 %	1,9 %	6,7 %	0,0 %	1,5 %	3,6 %	1,9 %	47
Me aburría con mi pareja	5,7 %	1,6 %	2,2 %	9,3 %	2,5 %	1,0 %	5,5 %	3,1 %	77
A mi pareja le molestaba que viera pornografía	11,9 %	3,2 %	4,4 %	2,6 %	2,5 %	3,9 %	8,3 %	4,8 %	119
No contesta	75,6 %	78,4 %	84,7 %	67,0 %	78,9 %	69,9 %	57,9 %	73,1 %	1.796
No aplicable	7,8 %	16,4 %	8,1 %	14,4 %	16,0 %	24,1 %	29,2 %	18,2 %	447

Como se ha indicado anteriormente, son los chicos quienes identifican los efectos negativos sobre sus relaciones con la pareja (tabla 40). Un 8,1 % reconoce que a su pareja le molesta que vea pornografía (un 1,9 % de las chicas). El aburrimiento con la pareja lo experimenta el 5,5 % (un 0,7 % de las chicas). Finalmente, un 3,0 % le exige hacer a su pareja lo que ha visto en el porno (un 1,0 % de las chicas). Sin embargo, es muy posible que las chicas no tengan claro que una parte de las dificultades experimentadas con sus parejas se deban al consumo de pornografía, ya que, como se vio anteriormente, el consumo de pornografía es privado y, como se verá a continuación, ese consumo queda silenciado para la mayoría de las personas del entorno (tabla 41).

Tabla 40. «Si la pornografía afectó de alguna manera a tus relaciones de pareja, cómo fue (puedes contestar varias opciones)» (por identidad sexual)

	Masculina	Femenina	Otras o No determinado	TOTAL	
Le exigía hacer lo que veía	3,0 %	1,0 %	0,0 %	1,9 %	47
Me aburría con mi pareja	5,5 %	0,7 %	11,8 %	3,1 %	77
A mi pareja le molestaba que viera pornografía	8,1 %	1,9 %	0,0 %	4,8 %	119
No contesta	78,1 %	68,1 %	82,4 %	73,1 %	1.796
No aplicable	7,8 %	28,3 %	5,9 %	18,2 %	447

Sabemos que la privacidad del consumo es relativa; las empresas que distribuyen las filmaciones controlan quién los consume. Sin embargo, en el entorno de los jóvenes, solo las personas de más confianza suelen conocer el consumo. Eso significa que no se elabora casi con nadie lo que se ve en las pantallas, aunque se traduce en conductas efectivas. Para comprobar el nivel de privacidad se les consultó sobre el nivel de conocimiento en su entorno (tabla 41).

Tabla 41. «En estos últimos años, alguien sabía que mirabas pornografía» (por comunidades autónomas)

	Andalucía	Aragón	Castilla y León	Castilla-La Mancha	Cataluña	Galicia	Islas Baleares	TOTAL	
No, nadie	14,0 %	15,0 %	14,0 %	36,1 %	5,5 %	16,3 %	10,2 %	15,1 %	372
Mi pareja	8,3 %	8,4 %	13,1 %	11,9 %	14,3 %	13,8 %	11,3 %	11,6 %	284
Algún amigo o amiga	45,1 %	32,1 %	37,7 %	19,1 %	39,7 %	25,8 %	29,8 %	31,7 %	779
Mis padres	0,0 %	1,3 %	0,0 %	0,0 %	6,3 %	1,4 %	1,4 %	1,4 %	35
Mis hermanos/as	1,6 %	0,5 %	0,9 %	0,0 %	0,0 %	0,7 %	1,4 %	0,7 %	18
Otras personas	0,0 %	0,0 %	0,6 %	0,0 %	2,5 %	1,7 %	0,0 %	0,7 %	18
No lo sé	6,2 %	8,2 %	15,0 %	11,3 %	5,9 %	8,3 %	9,9 %	9,2 %	227
No contesta	17,1 %	18,0 %	10,6 %	7,2 %	9,7 %	8,0 %	6,9 %	11,3 %	277
No aplicable	7,8 %	16,4 %	8,1 %	14,4 %	16,0 %	24,1 %	29,2 %	18,2 %	447

El 15,1 % lo mantienen como un consumo secreto para todos. Un 43,3 % lo han hablado en algún momento con amigos o con sus parejas. La familia normalmente no sabe nada o no es un referente para hablar de este tema; solo un 2,1 % declaran que sus familias saben que miran pornografía.

En este tema hay diferencias culturales que se observan en los resultados de las diversas comunidades autónomas. En Castilla-La Mancha, dada la edad más reducida de la submuestra, se mantiene en secreto en un 36,1 % de los casos. En Andalucía, como ya pasaba con otras cuestiones, los amigos o las amigas saben que consumen pornografía en un 45,1 % de los casos.

El análisis por identidad sexual muestra un patrón muy similar de privacidad. La diferencia más destacada se observa en la relación con los amigos: los chicos lo comparten en un 42,1 % de los casos, mientras las chicas lo hacen en un 21,7 %.

Tabla 42. «En estos últimos años, alguien sabía que mirabas pornografía» (por identidad sexual)

	Masculina	Femenina	Otras o No determinado	TOTAL	
No, nadie	16,4 %	14,0 %	14,7 %	15,1 %	372
Mi pareja	11,8 %	10,7 %	32,4 %	11,6 %	284
Algún amigo o amiga	42,1 %	21,7 %	41,2 %	31,7 %	779
Mis padres	3,0 %	0,0 %	0,0 %	1,4 %	35
Mis hermanos/as	1,3 %	0,2 %	0,0 %	0,7 %	18
Otras personas	1,0 %	0,5 %	0,0 %	0,7 %	18
No lo sé	11,0 %	7,7 %	5,9 %	9,2 %	227
No contesta	5,7 %	16,8 %	0,0 %	11,3 %	277
No aplicable	7,75 %	28,34 %	5,88 %	18,19 %	447

En este tema, una de las preocupaciones habituales es la capacidad adictiva de la nueva pornografía (Young, 2008; Reay, Attwood y Gooder, 2013). Es evidente que no se determina el nivel de adicción mediante una declaración en una encuesta; sin embargo, la conciencia de que se dedica demasiado tiempo y empieza a generar efectos adversos, aunque no se experimenten como un problema, sí se puede captar en una pregunta de este tipo. Las respuestas obtenidas permiten una primera aproximación interesante (tabla 43). Un 15,7 % de los encuestados reconoce que al menos se puede considerar «un poco» adicto o posiblemente adicto. En este contexto, más que de adicción (que requiere una exploración psicopatológica y un diagnóstico), se podría hablar de «superusuarios» de pornografía, utilizando el concepto de Frances Jensen (2015) para las conductas adictivas de los jóvenes. Si se ha utilizado el término en la encuesta es por la mayor comprensión por parte de los adolescentes y jóvenes, tal como se comprobó en el estudio piloto (Ballester, Orte y Pozo, 2015a). Para la mayoría de los encuestados, no se considera ese uso abusivo ni como una posibilidad (53,7 %).

Tabla 43. «Crees que te podrías considerar adicto/a al porno» (por comunidades autónomas)

	Andalucía	Aragón	Castilla y León	Castilla-La Mancha	Cataluña	Galicia	Islas Baleares	TOTAL	
No, en absoluto	54,9 %	51,6 %	66,4 %	45,4 %	57,0 %	56,7 %	42,4 %	53,7 %	1.319
Un poco	4,7 %	9,1 %	8,4 %	22,7 %	16,5 %	7,6 %	16,5 %	11,2 %	275
Sí, es posible	15,5 %	4,3 %	5,0 %	2,1 %	0,8 %	3,2 %	4,4 %	4,5 %	111
No contesta	17,1 %	18,6 %	12,1 %	15,5 %	9,7 %	8,3 %	7,4 %	12,4 %	305
No aplicable	7,8 %	16,4 %	8,1 %	14,4 %	16,0 %	24,1 %	29,2 %	18,2 %	447

Tabla 44. «Crees que te podrías considerar adicto/a al porno» (por identidad sexual)

	Masculina	Femenina	Otras o No determinado	TOTAL	
No, en absoluto	56,9 %	49,8 %	85,3 %	53,7 %	1.319
Un poco	20,4 %	2,6 %	8,8 %	11,2 %	275
Sí, es posible	8,3 %	1,0 %	0,0 %	4,5 %	111
No contesta	6,6 %	18,2 %	0,0 %	12,4 %	305
No aplicable	7,8 %	28,3 %	5,9 %	18,2 %	447

Las diferencias por sexo son claras, un 28,7 % de los hombres acepta que puede tener una relación de uso abusivo de la pornografía. Un 8,3 % de la muestra de chicos acepta específicamente que puede ser adicto. En las mujeres, estos valores no son comparables: solo un 3,6 % considera que al menos se puede considerar «un poco» adicta o posiblemente adicta. Es decir, el núcleo de jóvenes con un uso abusivo representa aproximadamente entre el 28 % y el 29 % de los chicos y entre el 3 % y el 4 % de las chicas. Como se puede comprobar, la diferencia es muy significativa (tabla 44).

La consciencia de los impactos sobre las relaciones interpersonales es muy reducida. Hay una fuerte tendencia a valorar la pornografía como una opción de consumo más, por lo que se confirman las dificultades que algunos autores ya habían identificado (Hald y Malamuth, 2008). Uno de los efectos que se han estudiado es cómo cambia la percepción de los hombres y las mujeres a partir de la pornografía (tablas 45, 46, 47 y 48). Las preguntas se han hecho para hombres y mujeres respecto a ambos sexos y han contestado todas las personas encuestadas. La primera es sobre el cambio de la percepción de las mujeres. Una de cada cuatro personas encuestadas reconoce que ha cambiado su percepción (24,0 %), con valores altos en Castilla-La Mancha (36,1 %) y bajos en Aragón (17,0 %).

Tabla 45. «La pornografía afecta a la imagen que tienes de las mujeres» (por comunidades autónomas)

	Andalucía	Aragón	Castilla y León	Castilla-La Mancha	Cataluña	Galicia	Islas Baleares	TOTAL	
Sí	24,4 %	17,0 %	21,8 %	36,1 %	32,5 %	20,5 %	30,0 %	24,0 %	589
No	51,8 %	50,0 %	53,0 %	46,9 %	37,6 %	48,0 %	47,9 %	48,3 %	1.187
No contesta	23,8 %	33,0 %	25,2 %	17,0 %	30,0 %	31,4 %	22,0 %	27,7 %	681

Las mujeres han cambiado más su percepción de las mujeres (tabla 46) a partir de la pornografía que los hombres. Un 26,1 % de las chicas dice haber cambiado su imagen de la mujer, mientras que los hombres la han cambiado en un 21,6 %.

Tabla 46. «La pornografía afecta a la imagen que tienes de las mujeres» (por identidad sexual)

	Masculina	Femenina	Otras o No determinado	TOTAL	
Sí	21,6 %	26,1 %	26,5 %	24,0 %	589
No	62,3 %	34,5 %	73,5 %	48,3 %	1.187
No contesta	16,1 %	39,4 %	0,0 %	27,7 %	681

Cuando la pregunta se hace en relación con el cambio de percepción de los hombres a partir de la pornografía (tabla 47), se mantienen los mismos niveles de valoración que en la pregunta sobre las mujeres. Una de cada cuatro personas encuestadas reconoce que ha cambiado su percepción de los hombres (24,7 %), también con valores altos en Castilla-La Mancha (36,6 %) y bajos en Aragón (18,9 %). La novedad es que en Cataluña se produce el cambio más significativo (41,8 %).

Tabla 47. «La pornografía afecta a la imagen que tienes de los hombres» (por comunidades autónomas)

	Andalucía	Aragón	Castilla y León	Castilla-La Mancha	Cataluña	Galicia	Islas Baleares	TOTAL	
Sí	22,8 %	18,9 %	24,6 %	36,6 %	41,8 %	22,9 %	19,8 %	24,7 %	606
No	53,4 %	49,6 %	51,7 %	46,4 %	31,6 %	47,0 %	57,0 %	48,7 %	1.196
No contesta	23,8 %	31,4 %	23,7 %	17,0 %	26,6 %	30,1 %	23,1 %	26,7 %	655

Las mujeres también han cambiado más su percepción de los hombres (tabla 48) a partir de la pornografía que los hombres. Un 26,5 % de las chicas dice haber cambiado su imagen de los hombres, mientras que los hombres la han cambiado en un 22,8 %.

Tabla 48. «La pornografía afecta a la imagen que tienes de los hombres» (por identidad sexual)

	Masculina	Femenina	Otras o No determinado	TOTAL	
Sí	22,8 %	26,5 %	20,6 %	24,7 %	606
No	61,2 %	36,2 %	73,5 %	48,7 %	1.196
No contesta	15,9 %	37,3 %	5,9 %	26,7 %	655

Otro de los análisis del consumo de pornografía se centra en el riesgo de la escalada de conductas, pasando del consumo de imágenes a otras prácticas vinculadas a la prostitución. Por ese motivo se preguntó sobre las ofertas recibidas mientras se consume pornografía (tabla 49). Se constata que un 46,0 % de todos los jóvenes había recibido anuncios de ofertas sexuales. Un 43,4 % ha recibido los anuncios y no hace caso, un 0,6 % declara que está dispuesto a tener contactos pagados y un 2 % (49 personas) declara que ya ha tenido contactos directos gracias a los anuncios que le habían llegado. Teniendo en cuenta la posibilidad de no declaración de una parte de las conductas consideradas negativas (no contesta el 23,0 %), puede ser que estas conductas de riesgo sean más importantes.

Tabla 49. «Has recibido anuncios de ofertas sexuales relacionados con la pornografía» (por comunidades autónomas)

	Andalucía	Aragón	Castilla y León	Castilla-La Mancha	Cataluña	Galicia	Islas Baleares	TOTAL	
No, nunca	31,6 %	31,8 %	26,2 %	32,5 %	23,6 %	30,7 %	38,3 %	31,0 %	762
Sí, pero no hago caso	49,2 %	39,5 %	45,8 %	53,1 %	43,5 %	44,7 %	37,2 %	43,4 %	1.067
Sí y tal vez tenga contactos cara a cara, aunque haya que pagar	0,0 %	0,5 %	1,6 %	0,0 %	0,0 %	0,0 %	1,7 %	0,6 %	14
Sí, ya he tenido contactos gracias a los anuncios	0,0 %	1,1 %	7,5 %	0,0 %	3,8 %	0,7 %	1,7 %	2,0 %	49
No contesta	19,2 %	27,1 %	19,0 %	14,4 %	29,1 %	23,9 %	21,2 %	23,0 %	565

Se trata de un riesgo que afecta especialmente a los chicos, mayores consumidores de pornografía, pero las ofertas sexuales las han recibido ellos (51,2 %) y ellas (40,2 %) (tabla 50).

Tabla 50. «Has recibido anuncios de ofertas sexuales relacionados con la pornografía» (por identidad sexual)

	Masculina	Femenina	Otras o No determinado	TOTAL	
No, nunca	33,6 %	28,8 %	20,6 %	31,0 %	762
Sí, pero no hago caso	46,7 %	39,6 %	70,6 %	43,4 %	1.067
Sí y tal vez tenga contactos cara a cara, aunque haya que pagar	0,9 %	0,2 %	0,0 %	0,6 %	14
Sí, ya he tenido contactos gracias a los anuncios	3,6 %	0,3 %	8,8 %	2,0 %	49
No contesta	15,2 %	31,0 %	0,0 %	23,0 %	565

Finalmente, dado que las respuestas se aportaron referidas a los cambios en los últimos años desde el inicio del consumo de pornografía, se puede comprobar si se ha producido un impacto sobre las conductas de riesgo en los adolescentes y jóvenes (cambio en la conducta sexual, exposición al riesgo y otras), siempre en relación con el consumo de pornografía. La encuesta permite realizar una aproximación a dichos cambios (tabla 51). Y se puede observar que se ha producido un incremento moderado del riesgo en un 43,8 % de todas las personas que han contestado la encuesta, además hay un reducido grupo de jóvenes en los que se ha producido un mayor riesgo (2,8 % de toda la muestra).

Tabla 51. Incremento de las conductas de riesgo en los últimos años relacionadas con la pornografía por comunidades autónomas

	Andalucía	Aragón	Castilla y León	Castilla-La Mancha	Cataluña	Galicia	Islas Baleares	TOTAL	
No han aumentado las conductas de riesgo	25,4 %	31,8 %	25,5 %	32,5 %	23,6 %	30,7 %	38,3 %	30,4 %	748
Sí, pero solo ocasionalmente	52,8 %	39,5 %	46,4 %	53,1 %	43,5 %	44,7 %	37,2 %	43,8 %	1.076
Sí, tal vez he asumido mayores riesgos	2,6 %	1,6 %	9,0 %	0,0 %	3,8 %	0,7 %	3,3 %	2,8 %	68
No se dispone de datos	19,2 %	27,1 %	19,0 %	14,4 %	29,1 %	23,9 %	21,2 %	23,0 %	565

Nota: En esta tabla se incluyen las 2457 personas que han contestado la encuesta.

Se observa también un patrón diferenciado entre comunidades autónomas (Chi-cuadrado = 112,436; p = 0,000), con un conjunto de comunidades en las que se han producido incrementos de las conductas de riesgo por encima del porcentaje de referencia (46,6 % de los jóvenes, en las 7 comunidades), se trata de Andalucía (55,4 %), Castilla y León (55,3 %) y Castilla-La Mancha (53,1 %); mientras por el otro lado se encuentran dos comunidades con niveles significativamente más bajos de jóvenes con incrementos de las conductas de riesgo: Aragón (41,1 %) y las Baleares (40,5 %).

Cuando el análisis se centra en la otra variable de referencia (tabla 52), se comprueba que las diferencias por sexo son claras

(Chi-cuadrado = 138,140; p = 0,000): se ha producido un incremento moderado del riesgo en un 47,4 % de los jóvenes y en un 39,6 % de las jóvenes. Aún es más significativo que todas las personas que observan un mayor riesgo son de sexo masculino (4,9 % de todos los chicos) o se encuentran en otras identidades sexuales (8,8 %).

Tabla 52. Incremento de las conductas de riesgo en los últimos años relacionados con la pornografía por identidad sexual

	Masculina	Femenina	Otras o No determinado	TOTAL	
No han aumentado las conductas de riesgo	32,5 %	28,8 %	20,6 %	30,4 %	748
Sí, pero solo ocasionalmente	47,4 %	39,6 %	70,6 %	43,8 %	1.076
Sí, tal vez he asumido mayores riesgos	4,9 %	0,6 %	8,8 %	2,8 %	68
No se dispone de datos	15,2 %	31,0 %	0,0 %	23,0 %	565

Nota: En esta tabla se incluyen las 2457 personas que han contestado la encuesta.

Como es evidente, debemos ser cautelosos con los datos obtenidos a partir de una encuesta. Se pueden afirmar tendencias y comprobar situaciones cuando se obtienen datos muy consistentes; en otros casos, cuando se producen diferencias o cambios poco significativos es mejor considerar los resultados como una primera aproximación. A continuación, se presentan las interpretaciones que los datos presentados sugieren al equipo de investigación. Se trata de interpretaciones con consecuencias para el replanteamiento de la educación afectivo-sexual, las actuaciones preventivas en los ámbitos educativos y familiares o para el diseño de las políticas públicas relacionadas con internet.

5

Discusión

Presentamos algunas de las cuestiones que consideramos más relevantes con relación al conjunto del estudio del cual hemos seleccionado algunos resultados. Como es evidente, en el resumen elaborado no se contrastan todas las hipótesis, pero apuntaremos algunos de los resultados que se han comprobado como los más destacados.

5.1. Limitaciones del estudio

Antes que nada, hay que recordar algunas limitaciones del estudio. Tal vez la más destacada es la imposibilidad de contar con una muestra representativa de la Comunidad de Madrid. La representación del Estado se habría podido considerar satisfactoria. El estudio consigue una representatividad muy destacada (norte, sur, mediterránea, zonas más o menos urbanizadas, etc.), pero no se puede dejar de decir que se trata de siete comunidades del Estado.

Otra limitación es la dificultad de acceder a los jóvenes que no estudian ni trabajan («Ni-Ni»). A pesar de la invitación, a partir de la encuesta por internet, este sector no queda suficientemente representado en el estudio.

Finalmente, tal vez se debería de completar la encuesta con consultas cara a cara en un contexto de entrevista o de discusión en grupo. Los costos de esta opción, en las diversas comunidades y con la profundidad necesaria, ha imposibilitado la consulta cualitativa. Se ha intentado moderar esta dificultad incluyendo preguntas abiertas, pero no se puede sustituir la consulta en entrevista individual o grupal por las preguntas abiertas.

5.2. Fuerzas del estudio. Hipótesis contrastadas

Se trata del primer estudio de estas dimensiones que intenta contrastar las hipótesis sobre la pornografía que han ido formando parte de la reflexión teórica a lo largo de los últimos 10 años. Esto implica dificultades, pero también fuerzas indiscutibles. La principal es que podemos empezar a disponer de conocimientos sólidos sobre una parte de las cuestiones planteadas. Por ejemplo:

- **Hipótesis 1**. Sabemos que las edades de inicio del consumo de pornografía son muy reducidas (8 años la edad mínima; en torno a los 14 la media de la edad de inicio del consumo). La familiaridad con las pantallas y con las búsquedas en internet han facilitado esta situación.
- **Hipótesis 2**. Sabemos que los hombres son los grandes consumidores de la pornografía, con un perfil característico: conducta privada, acceso único a través de pantallas con incremento de la importancia de los móviles. No se ha podido confirmar el mayor uso de pornografía entre los jóvenes que entre los adultos. La encuesta no se ha aplicado a sectores de edades superiores a los 29 años.
- **Hipótesis 3**. Se han mostrado las diferencias entre hombres y mujeres en la adolescencia y juventud. Los impactos de la pornografía son mucho más importantes en los hombres que en las mujeres, tanto por la frecuencia de uso como por los efectos buscados (masturbación), o por las consecuencias sobre las relaciones interpersonales.
- **Hipótesis 4**. También se ha podido comprobar que el consumo de pornografía produce impactos destacados sobre la imagen de los hombres y las mujeres, así como un aumento de los impactos sobre las relaciones de pareja.
- **Hipótesis 5**. Se ha podido comprobar que el consumo de pornografía produce un aumento de la vulnerabilidad con rela-

ción a las prácticas no normativas o de riesgo (cambio en la conducta sexual, escalada de conducta, riesgo de consumo de prostitución).

La hipótesis 4, sobre la ritualización de las relaciones sexuales, requiere un estudio complementario que no se ha podido llevar a cabo todavía. En cuanto a la comparación que se ha hecho, a lo largo de esta presentación, muestra que las siete comunidades no ofrecen resultados estadísticamente significativos. Todavía queda por ver si las comunidades con fuerte presencia de economías turísticas (Baleares, Cataluña y Andalucía) se diferencian significativamente de las comunidades con economías con otros perfiles (las dos Castilla, Aragón y Galicia).

El debate sobre el impacto de la pornografía en las relaciones interpersonales de los adolescentes sigue siendo un reto para los investigadores y las organizaciones implicadas.

5.3. Acceso a la nueva pornografía en la adolescencia

Según algunos informes (Jiménez, De Ayala López, García, 2013), los adolescentes son grandes consumidores de internet, con prácticas más complejas de lo que se suele afirmar; entre otras cosas, más del 50 % de los adolescentes españoles de entre 14 y 17 años suele ver regularmente pornografía en internet. Según los estudios de Bryant Paul y Matthew Kobach (Paul y Kobach, 2014), de la Facultad de Comunicación de la Universidad de Indiana, los chicos ven pornografía por primera vez a los 13 años, mientras que las chicas lo hacen a los 14. Otros estudios recientes están reduciendo las edades de las primeras experiencias con la nueva pornografía (Solano, Eaton y O'Leary, 2018). Los datos son muy similares a los de la investigación que presentamos.

Los adolescentes cada vez consumen pornografía a edades más reducidas, tienen un mayor acceso, más rápido y libre de filtros. Aunque una web solicite confirmar la mayoría de edad, este filtro no sirve prácticamente para nada.

A veces ni siquiera se trata de encontrar pornografía después de una búsqueda voluntaria, sino que se encuentran ventanas que se abren a modo de anuncio (como aviso o como publicidad) y llevan a adolescentes de edades muy reducidas a la pornografía. No tienen filtros para el acceso, pero tampoco disponen de los filtros que tiene una persona adulta.

Cuando se realizan talleres con profesionales, les solicitamos que realicen una búsqueda sencilla, la que haría un adolescente curioso: «sexo, pechos, culos en Palma», por ejemplo. Inmediatamente, aparecen en su buscador páginas de anuncios de contactos de prostitución, anuncios que reproducen imágenes pornográficas. La relación entre ambas es frecuente: desde las páginas de pornografía, estos anuncios les invitan a no masturbarse, a acceder a servicios de prostitución cerca de casa; por su parte, desde las páginas de prostitución, desde los anuncios de contactos pagados se ofrecen imágenes explícitas.

El acceso a la pornografía es fácil, gratis, rápido, no deja una señal fácil de rastrear si se sabe un poco de internet, ofrece imágenes variadas y de alta calidad; la oferta es ilimitada y responde a la curiosidad de los adolescentes. Es fácil acceder, es fácil seguir, es razonable pensar que tiene una clara influencia en dos componentes de la conducta sexual: la formación del imaginario sexual de los adolescentes y el desarrollo de las primeras experiencias sexuales regulares (masturbación, demandas a las parejas).

¿Qué hacen los padres y madres, cómo hablan de este tema con los hijos e hijas más jóvenes? Lo más probable es que la mayoría no sepan cómo enfocarlo. Los estudios explícitos con padres y madres han mostrado esta situación (Rothman *et al.*, 2017). En una sección posterior se revisan algunas de las experiencias que se están probando en este momento.

5.4. Actitudes y esquemas de percepción alterados

En primer lugar, se reconocen los principales elementos propios de la modificación conductual que implica el *habitus* de la sexualidad formada en la era de internet y que desarrolla procesos ritualizantes: en este caso, el ambiente, las prácticas cotidianas y los aprendizajes nuevos. Posteriormente se presentarán los cambios en cuanto a los esquemas perceptivos de los sujetos, que permiten evidenciar los resultados de este proceso.

Para reconocer el funcionamiento del *habitus*, se puede partir de las modificaciones conductuales y del entorno que se hace con los jóvenes. Tal como pasa con el espacio que brinda internet y que resulta crucial para que se desarrolle el proceso de vinculación de cada joven a su propia sexualidad. Un factor clave es el de la formación del imaginario sexual, especialmente entre los jóvenes de sexo masculino, a partir de las imágenes que observan en internet (Mesch, 2009). Actualmente, ya no consultan prácticamente a ningún adulto y tampoco tienen tanta importancia los iguales (Weber, Quiring y Daschmann, 2012). Internet aporta respuestas satisfactorias, según los jóvenes, a sus inquietudes habituales. En las entrevistas realizadas (Ballester, Orte y Pozo, 2015a y 2015b) se detallan, entre otras, las preguntas que más les inquietan desde muy jóvenes en el proceso de descubrimiento y formación de su sexualidad:

- ¿Cómo se inicia una relación sexual? ¿Cuáles son los preliminares aceptables y efectivos?
- ¿Cómo se puede crear un ambiente adecuado?
- ¿Cómo son los cuerpos, en detalle? ¿Qué cuerpos y cómo se representan?
- ¿Qué prácticas sexuales son habituales? ¿Qué puede hacerse y qué no?
- ¿Qué partes del cuerpo hay que estimular y cómo se hace?
- ¿Qué accesorios puedo o tengo que utilizar (ropa, lubricantes, juegos, etc.)?
- ¿Cómo es la respuesta que se espera de un hombre o de una mujer (sonidos, frases, caricias, rudeza frente a suavidad, intensidad aceptable, etc.)?
- ¿Cuánto dura una relación aceptable?

Las imágenes que se observan en las filmaciones responden a sus inquietudes, de manera que producen un efecto formativo, un efecto «performativo», es decir, un efecto que les influye claramente.

Las relaciones sexuales con él mismo y con otros tiene un referente formativo, así como cierto efecto de modelaje en las filmaciones de fácil acceso. Referente a ello, son sus iguales quienes les ayudan a encontrar las páginas adecuadas; los distribuidores de filmaciones similares a YouTube son las más frecuentadas.[6] Acceden a ellas directamente a partir de búsquedas sencillas y de recomendaciones directas.

Se trata de un *habitus* formado/modificado en privado. Como es evidente, no se trata del *habitus* familiar o de clase, ya que el modelo de los sujetos precedentes y de la clase social de pertenencia ahora tienen una relevancia secundaria en relación con la sexualidad. El modificador esencial es internet y, en internet, la nueva pornografía consumida por los jóvenes. Dicho *habitus* implica un ejercicio de la sexualidad parcialmente diferente al de las generaciones precedentes no formadas con el apoyo de internet. La nueva pornografía forma el *habitus,* y el *habitus* implica un ejercicio modificado de la sexualidad, confirmado cada día con el apoyo de otros agentes que fomentan una serie de conductas y modifican sensiblemente el entorno de los aprendizajes.

El *habitus* así modificado también tiene otro efecto productivo, además de la práctica sexual, que puede reconocerse tanto en el discurso y la difusión de lo que se ha aprendido (es decir, la difusión y la multiplicación de sus nuevos saberes) como también en la deshistorización de los argumentos que se manejan sobre la sexualidad, que pasa a mezclarse con su condición masculina (en el caso de los hombres). Unas prácticas sexuales, un discurso puesto en práctica, una deshistorización de la formación del género, especialmente en el caso de los hombres.

En la pornografía consumida por el 70,7 % de los jóvenes (tablas 13 y 14), no se observan algunos de los componentes de las relaciones afectivo-sexuales, no se observan las relaciones de conocimiento, seducción, relación afectiva relacionada con la comunicación verbal, etc. Se trata de un proceso de conformación de patrones de comportamiento (de *habitus*) reducido por el consumo de la nue-

6. Algunos son, entre otros: <http://www.tube8.com>, <www.pornhub.com>, <www.xnxx.com>, <www.hot-sex-tube.com/>, <http://naturalporntube.com>, <http://xhamster.com>, etc.

va pornografía a las experiencias observadas más que vividas, así como por el margen de conductas observadas, pero con una elaboración personal más limitada.

Se produce una más amplia demanda de variantes sexuales, así como mayores detalles asociados a la conducta sexual, pero también una reducción de las opciones de relación interpersonal. Por ejemplo, la elección de prácticas, de conversaciones y de demandas expresadas, influidas por el consumo de nueva pornografía, se encargan, a su vez, de fomentar este *habitus* sexual modificado que implica ritualización, simplificación. En el caso de los hombres, las respuestas de los jóvenes sobre las prácticas y demandas sexuales se limitan a una serie de opciones muy similares en todos los casos, coincidiendo con las prácticas que se consideren deseables.

El *habitus*, así formado, también implica un proceso de separación de roles sexuales hombre-mujer, de acuerdo con el consumo de pornografía, con la configuración de su sexualidad y la habituación de género. La pornografía confirma los roles sexuales convencionales, dado que los roles desarrollados por hombres y mujeres en las filmaciones sexuales son estereotipados, pero ya no se reducen a los modelos estándar de hombre musculoso y de gran resistencia y mujer atractiva de grandes pechos. Actualmente, la pornografía muestra todo tipo de mujeres (jóvenes y mayores, delgadas y gruesas, con pechos y sin, etc.) y prácticamente todo tipo de hombres (un requisito es la duración de las erecciones). Lo que se muestra de manera estereotipada es toda la relación sexual, del inicio al final, siendo dominantes algunos aspectos característicos de la sexualidad basada en la dominación masculina (Bourdieu, 2000):

- el deseo masculino (en las filmaciones heterosexuales) es aquello que debe ser satisfecho;
- todo empieza y acaba con la erección masculina;
- las fantasías centrales que se representan son las masculinas, tanto heterosexuales como homosexuales, aunque domine el modelo heterosexual y androcéntrico.

La pornografía de gran distribución crea situaciones donde se silencia la expresión del deseo femenino. Es decir, hombres y mujeres pueden ser muy diversos en la pornografía, pero sus relaciones son una representación de los modelos de género dominantes. Solo en la pornografía feminista y en la pornografía alternativa, de reducida distribución, hay una presencia clara del deseo femenino y de relaciones igualitarias (Aguado, 2018; Bakehorn, 2010; Lust, 2015). Algunas de las webs de referencia de esta opción son: XConfessions, de Erika Lust; X-Art i Four Chambers, de Vex Ashley, entre otros.

La postpornografía es un tipo de activismo social promovido por el movimiento Queer que intenta deconstruir el imaginario de deseo sexual y transgrede normatividades corporales, estéticas y de género. Surge en los años noventa, con la famosa Annie Sprinkle, como respuesta contestataria a la pornografía dominante.

Para los jóvenes que se sitúan en este *habitus*, la relación propia de la sexualidad se prefiere con una persona con quien puedan realizar los argumentos básicos de las filmaciones, es decir, con quien acepte sus demandas y particularidades, con alguien con quien se vean aceptados. Dentro de las prácticas sexuales así formadas (o deformadas), no solo se hace presente el conductual, sino también el actitudinal (Braun-Courville y Rojas, 2009).

Una de las actitudes que se modifica claramente es la relativa a las prácticas de alto riesgo, es decir, aquellas que pueden tener un impacto negativo sobre la salud (Mercer y Perkins, 2014). Entre las prácticas de alto riesgo, casi todos los jóvenes han observado, a menudo, una gran variedad de filmaciones donde se observan las siguientes situaciones:

- sexo vaginal sin preservativo, cambiando de parejas, en grupo, etc.;
- sexo anal sin preservativo con diversas parejas;
- eyaculación en la boca de la pareja, después de sexo anal sin preservativo;
- sexo en grupo con diversos hombres y una o diversas mujeres, a veces representando una violación;
- presencia de violencia abierta: estrangulamiento, golpes fuertes en diversas partes del cuerpo y otras modalidades de violencia que se han popularizado.

La familiaridad con estas prácticas, en la nueva pornografía, es muy común y ha alterado la percepción sobre su aceptabilidad. La nueva pornografía muestra e impone un modelo de relación desigual, donde la mujer es reducida a objeto sexual disponible para el hombre. No solo se muestran situaciones de alto riesgo y violencia de diversos tipos, sino que se generalizan los estereotipos de género más penosos: el hombre tiene deseo sexual permanentemente y la mujer se dedica a dar satisfacción a este deseo.

El criterio dominante ya no se refiere al orden del deseo en común, sino al deseo privado que se considera aceptable. Distorsiones perceptivas que se expresan en situaciones de violencia sexual y en estereotipos de género que trascienden a las relaciones afectivas y sexuales de adolescentes y jóvenes: de la fantasía a la realidad. Las experiencias de los adolescentes y jóvenes se ven influidas por la nueva pornografía de manera negativa; por lo que son imprevisibles las consecuencias a medio y largo plazo.

Nuestra tercera hipótesis se centra en estas observaciones sobre la modificación que la nueva pornografía produce sobre las prácticas sexuales de los grandes consumidores, en dos direcciones complementarias, la familiaridad con prácticas de riesgo y la demanda a sus parejas sexuales de estas prácticas o el consumo de prostitución para realizarlas. Como se ha podido comprobar en las entrevistas (Ballester, Orte y Pozo, 2015b), esta hipótesis es razonable; y conviene contrastarla con una muestra representativa. Por lo cual se ha realizado el presente estudio en diversas comunidades de España, conjuntamente entre nuestro equipo y la red Jóvenes e Inclusión Social.[7]

Hay que reconocer que la sexualidad influida por internet, para la nueva pornografía, no es un proceso centrado solo en el deseo personal o en común, motivado exclusivamente por la curiosidad o la experimentación personal; tampoco es una simple consecuencia social de un proceso privado, sino un hecho social fortalecido por la repetición, modificado desde campos externos (en este caso, las organizaciones capitalistas que hacen negocio en internet) que a partir de ciertos aprendizajes producen y movilizan unos efectos;

7. Ver: <http://joveneseinclusion.org/>.

por ejemplo: qué prácticas se consideran aceptables, cómo se entiende el proceso de seducción y expresión de demandas sexuales, cómo asumir el ejercicio de la sexualidad y, al mismo tiempo, cómo concretarla. Algunos de los efectos más preocupantes se centran en la orientación hacia la prostitución de los jóvenes, así como el incremento de la violencia en las relaciones interpersonales (Ferguso y Hartley, 2009). A estos efectos les hemos llamado «escalada de conducta».

Otra de las consecuencias de la visualización de la nueva pornografía, aunque no se pueda evaluar en sus dimensiones, es la del acceso a la prostitución para reproducir las conductas sexuales que no se pueden ensayar con las parejas. Como sabemos, esta experiencia es mayoritariamente masculina. Los tres cambios más destacados son:

- Desarrollo de la nueva pornografía, mostrando prácticas sexuales de todo tipo, incluyendo prácticas de riesgo (sin preservativo, violentas, etc.).
- Ocultación y diseminación de la prostitución en pisos, en todo el territorio, cambiando la percepción de lo que significa la prostitución, presentándola como una actividad libre realizada por personas encantadas de dedicarse a esta actividad.
- El medio de acceso a la prostitución pasa a ser internet, mediante anuncios que imitan la pornografía, anuncios que se vinculan a las páginas de pornografía con una propaganda muy explícita: «No te masturbes todavía; cerca de tu casa puedes hacer lo que más te gusta».

Estos cambios facilitan el acceso a la prostitución para una parte de los jóvenes. No hay otra limitación económica, cultural o territorial en el acceso. Si tampoco hay una limitación basada en valores de género, entonces puede producirse la escalada de conductas.

5.5. Cultura del porno. La naturalización de la pornografía

Uno de los efectos de la facilidad de acceso a la pornografía, así como de la sexualización de las sociedades del siglo XXI es el desarrollo de la cultura de la pornografía como parte de la socialización de los adolescentes y jóvenes, pero también como parte de las prácticas normalizadas de ocio y de la sexualidad de adolescentes, jóvenes y adultos.

Simplificando, las características que se observan en este fenómeno cultural son las siguientes:

- Se visualiza una generalización de las relaciones convertidas en mercancías, así como la compra de la relación y la gratuidad (autorización indiscutible) del acceso al cuerpo del «objeto de deseo», sea mujer o hombre.
- Elasticidad cultural: autorización del imaginario sexual alterado y la distorsión perceptiva. En la pornografía se observa la posibilidad de hacer cualquier cosa, por violenta que sea y con cualquier tipo de riesgo, como si estos no existieran.
- El porno como espectáculo, como nueva narrativa. Son actores (o no, en muchos casos), pero se pretende dar la máxima apariencia de realidad, como si se hubiera puesto una cámara en la vida privada de los protagonistas. El desarrollo de filmaciones desde la perspectiva de los ojos del propio protagonista masculino (*point of view*, POV) perfeccionan esta característica. Actualmente, ya se dispone de videojuegos que reproducen esta característica de la pornografía, los cuales tienen precedentes en el siglo pasado: Beat 'Em & Eat 'Em, Custer's Revenge.
- El sexo se experimenta y se imagina, pero la imaginación sexual es la opción inicial presente en la pornografía, por eso en sus representaciones pornográficas se presenta como un cielo de libertad, pero, por supuesto, esta perspectiva olvida todas las implicaciones de la pornografía: la explotación sexual de las mujeres (violencia expresa, cosificación, etc.), la alteración de la percepción, etc.

Ampliemos un poco esta última característica. Aunque se presentan todo tipo de prácticas sexuales, vinculadas a cualquier orientación sexual (relaciones íntimas y sexuales por personas de un género diferente al suyo, o de su mismo género, o de más de un género), la **representación** dominante del sexo en la pornografía se centra en el modelo heterosexual de dominación masculina. Esta representación incluye todos los aspectos físicos: cualquier cara, cualquier cuerpo, etc. Permite todo tipo de apariencia: vestidos, ambientes, etc., pasando del fetichismo extremo a la representación de la normalidad más absoluta (*amateur*, por ejemplo). Por ello tiene una gran capacidad de identificación: nadie queda excluido de la representación.

Por lo que se refiere a las narraciones, generalmente están poco elaboradas: se basan en sencillas fantasías sexuales, con masturbación solitaria, parejas, tríos, grupos, etc. Incluyen todo tipo de tópicos racistas, machistas y estereotipos culturales. Los personajes están poco elaborados, con pobre perfil psicológico. Presentan habitualmente prácticas de riesgo: sexo sin preservativo, eyaculación en la boca tras sexo anal y otras muchas (Wright, Tokunaga y Kraus, 2016). Presentan violencia expresa: asfixia, golpes, humillación, etc.

Simplificando, respecto a los patrones de la representación del sexo en la pornografía, se pueden apuntar tres patrones dominantes:

- Reglas de los sentimientos: no hay emociones elaboradas; sabemos qué hacen, no cómo son, por lo que se facilita el etiquetado y la cosificación.
- Estilo interaccional: los roles de los hombres suelen ser dominantes, mientras que los roles de las mujeres suelen ser pasivos, como objetos de la relación. Es evidente que las mujeres actúan, pero normalmente lo harán para satisfacer los deseos de las parejas masculinas.
- Reglas de relación: crear, mantener la excitación. Toda la relación acaba con la eyaculación de los hombres protagonistas del vídeo. Son frecuentes las relaciones ritualizadas, con una repetición de los mismos patrones de conducta sexual. Por ejemplo, se suele excluir todo lo que signifique seducción, ya que el objetivo es la excitación rápida de los consumidores.

Los tópicos de esta nueva cultura del porno, con más poder de influencia sobre adolescentes y jóvenes, se pueden resumir también en cuatro tópicos dominantes:

- El porno comunica la sensación de omnipotencia. En las consultas con los jóvenes aparecen frases como: «Puedo follar con muchas parejas», «Puedo hacer cualquier cosa», «No importa si me desean o no: siempre hacen lo que digo o deseo», «No hay ninguna restricción de ningún tipo». En uno de los institutos en los que se han realizado presentaciones de los primeros resultados y debates con jóvenes, al tratar de la percepción distorsionada de la realidad y de las violaciones en grupo, lamentablemente presentes en España y otros países, un joven dice: «Ellas deben haber provocado, eso no pasa si ellas no provocan». Como se puede ver, la justificación de cualquier conducta se basa en la certeza de lo que se está consolidando con los vídeos de violencia sexual en grupo.
- Generaliza los modelos masculinos de una relación sexual. Presenta un «mercado sexual» mediante los catálogos de vídeos disponibles, en los cuales los consumidores de pornografía observan: disponibilidad, facilidad de acceso, cambio de personas (convertidas en objetos intercambiables). Todo está orientado a excitar (la erección es el marcador visual de que todo va bien). Además, todo se completa con la eyaculación.
- Muestra relaciones sexuales descontextualizadas: no hay pasado, casi no hay seducción ni rituales de exploración y negociación; no hay palabras, no hay discurso, no hay dimensión valorativa-normativa o restricciones, ya que las supuestas comprensiones son inmediatas (no hay ambigüedad, ni nada que haya que interpretar).
- Qué consecuencias se pueden observar: la percepción distorsionada generalizada. La mercantilización y la cosificación de las personas presentes en los vídeos, en especial de las mujeres. Finalmente, como efecto combinado de todos los impactos identificados: la alteración de las relaciones interpersonales, en especial en los adolescentes y jóvenes.

6

Conclusiones. Qué hacer

Como se ha podido comprobar, parece posible mantener cuatro de las cinco hipótesis planteadas, en especial sabemos que la primera hipótesis se ha contrastado plenamente. El consumo de nueva pornografía entre los hombres es superior al consumo entre las mujeres, también consumen más tiempo que las mujeres. No se puede saber si este resultado se mantendrá en el tiempo o se equilibrará con la aparición de otras modalidades de pornografía destinadas al consumo femenino. Las dimensiones del mercado de la pornografía, así como los grandes intereses comerciales que oculta, hacen pensar que este equilibrio (aumentando el consumo, mediante la incorporación masiva de las mujeres) seguramente es el objetivo de quienes se benefician de este mercado. Es decir, la pornografía femenina es un mercado que las organizaciones capitalistas que generan la nueva pornografía no olvidan.

En cualquier caso, uno de los riesgos relacionados con la pornografía es el consumo de prostitución femenina, cuyos destinatarios prioritarios siguen siendo los hombres. Por lo tanto, se profundiza en un modelo de sexualidad cisheteropatriarcal, coherente con la dominación masculina característica del patriarcado. El perfil de los grandes consumidores de pornografía también son los jóvenes de sexo masculino. La novedad es que sabemos que el inicio del consumo de pornografía se produce, con toda seguridad, a edades muy tempranas (antes de los 16 años), con lo que desde muy jóvenes reciben impactos distorsionadores de la percepción de las relaciones interpersonales, mensajes que buscan producir una escalada de conducta, pasando al consumo de prostitución, entre otras cosas.

Si se acepta, como se ha visto en la encuesta y como se deduce de otros análisis sobre webs de pornografía, que los impactos de la nueva pornografía pueden ser diversos y la mayoría no especialmente positivos, habrá que plantearse qué puede hacerse. Abrir el debate social, generalizar, pensar e investigar el tema es fundamental, también implicar a las instituciones con funciones en la socialización de los sujetos: la familia y la escuela prioritariamente. Las orientaciones más interesantes, en este ámbito, no tienen que ver con la prohibición de conectarse a las redes, sino con un uso adecuado de cómo conectarse. No censurar, sino crear capacidad crítica para entender qué significa la pornografía, tratar el fenómeno de la pornografía desde la perspectiva de la maduración de las relaciones interpersonales, desde una perspectiva crítica, igualitaria y responsable que ha de desarrollarse con el apoyo de una buena información y formación en educación sexual y afectiva.

Muchos adolescentes masculinos han tenido las mejores experiencias sexuales gracias a la nueva pornografía. Esto no puede negarse y es uno de los factores más poderosos para vincularse a la pornografía en internet: han experimentado las mejores masturbaciones gracias a la nueva pornografía. Si se niega la fuerza de la capacidad adictiva de la nueva pornografía, no se podrá entender cómo se tiene que enfocar este tema.

En ocasiones, en la educación afectivo-sexual hemos podido ver cómo se mantienen los mensajes sin significado para los chicos adolescentes:

- «La pornografía es siempre igual, aburrida». Adolescentes y jóvenes tienen una experiencia completamente diferente: es muy variada y diversa, muestra prácticas muy diferentes, da respuesta a todas sus demandas y les ofrece muchas posibilidades. Si esto no se entiende, tampoco se entiende cómo un adolescente puede estar horas y horas viendo pornografía.
- «Es lo mismo de siempre, como cuando yo tenía tu edad». Por descontado, este tipo de mensajes paternalistas suelen tener un efecto nulo; cada uno aprende sobre todo de su

experiencia, pero lo peor es que no es cierto lo que afirman. Se han producido cambios muy notables en los contenidos, entre otras cosas porque los vídeos permiten mostrar prácticas que en fotografía solo pueden ser imaginadas; por ejemplo, la violencia. Además, los contenidos que muestran prácticas de alto riesgo ahora casi no pueden ser perseguidos eficazmente dada la internacionalización de los servidores de pornografía.

- «La masturbación es una sexualidad poco satisfactoria». Para muchos adolescentes y jóvenes no solo es placentero, sino que tal vez sea la única práctica sexual que tienen regularmente.

Otro tipo de actuaciones poco recomendables se basan en una visión persecutoria de los adolescentes:

- «Mi hijo no hace esto, seguro». La gran mayoría de los adolescentes viven la sexualidad al margen de sus padres, los cuales ignoran casi todo de ellos. En cualquier caso, si se imaginan que sus hijos se masturban aciertan más que si lo niegan.
- «El otro día lo pillé viendo pornografía». Otra mala práctica, ya que la gran mayoría de los adolescentes de 14 y 15 años ve pornografía de manera regular. No tienen que buscar «atrapar» o «pillar» a sus hijos, tienen que hablar y, si tienen curiosidad, tratar sus preocupaciones con naturalidad; en el caso de que vean pornografía tienen que intentar entender por qué lo hacen
- «He puesto una ciberprotección y ahora no puede ver nada». En el caso que estas protecciones de control parental fuesen efectivas en un ordenador, tableta o móvil, lo único que se consigue es no saber dónde ve pornografía. Probablemente, esté obligando a su hijo adolescente a prácticas de mayor riesgo: ver pornografía en cibercafés o en ordenadores públicos (centros educativos o culturales), ver pornografía con los amigos, conseguir otros aparatos de manera oculta, etc. Hay que educar en el uso de la tecnología, no prohibiéndola si tienen edad para usarla (Colom y Ballester, 2016).

No es muy recomendable mantener mensajes y prácticas contraproducentes. Parece necesario cambiar la concepción de la relación de los adolescentes con la pornografía, la sexualidad y las relaciones interpersonales. Cuando Nanette Ecker y Douglas Kirby (2009) presentaron las *International guidelines on sexuality education: An evidence informed approach to effective sex, relationships and HIV /STI education* de la UNESCO, aseguraron que la educación sexual debía ser «tan importante como las matemáticas» en las escuelas. Sin embargo, la educación afectivo-sexual en España sigue siendo un reto en el sistema educativo (Gómez, 2016). Hay experiencias de educación afectivo-sexual que ya intentan un planteamiento diferente al convencional y pretecnológico, basado en evidencias, aunque aún se trate de planteamientos discutibles.

En 2014 el taller con adolescentes «Consent galetes: A confidence-building workshop for teens», de la educadora sexual Yana Tallon-Hicks, se hacía popular en muchas escuelas norteamericanas por el giro que ella daba a sus clases: Tallon-Hicks centra sus talleres sexuales en la búsqueda de lo positivo del sexo, basándose en el sexo consentido y placentero, y no en la parte negativa ni en el miedo. En mayo de 2016, Yana fue invitada a hablar sobre su trabajo como educadora sexual en la TEDxViena (Tallon-Hicks, 2016), donde abordó temas como la educación sexual moderna, la importancia del consentimiento y lo que la pornografía convencional añade a la conversación de los jóvenes, haciéndose eco de la cuestión que muchos nos planteamos sobre si la nueva pornografía es el «nuevo educador sexual».

Erika Lust, pionera del cine porno feminista, lanzaba a principios de año, junto con Pablo Dobner, el proyecto «The Porn Conversation» (Khan, 2016; Lust, 2018): un conjunto de recursos para ayudar a los padres a dar un paso más en las conversaciones de sexo con sus hijos y hablar abiertamente de pornografía con ellos. Para Lust, la misión de su iniciativa es dar a los adultos, educadores y padres la oportunidad de ayudar a los niños, niñas y adolescentes a tomar decisiones inteligentes e informadas respecto a la pornografía. Según Lust, hoy se necesita alguna cosa más que educación sexual en la escuela: se necesita que los padres y educadores puedan hablar con sus hijos e hijas sobre la pornografía.

La página web desarrollada por Lust contiene herramientas en inglés, alemán, español e italiano divididas en función de la edad: menores de 11 años, de entre 11 y 15 y mayores de 15. A través de los recursos que Lust y Dobner ofrecen, los padres pueden tratar cuestiones como qué es el porno («el porno no es, ni representa, un sexo real») o cuestiones afectivas relacionadas con la importancia del consentimiento («el sexo siempre es mejor cuando lo haces con alguien en quien confías y que te trata con respeto»).

En las experiencias educativas que se han desarrollado, cuando intentan integrar la nueva pornografía se encuentran muchos factores positivos, como la opción para el desarrollo de la sexualidad libre como la integración de un fenómeno que no puede ignorarse. Sin embargo, hay muchas cuestiones arriesgadas y dudosas: ¿se emplea un enfoque crítico, que identifica patriarcado y capitalismo como agentes activos en el desarrollo de la pornografía? ¿Se tiene suficientemente presente la conexión con una sexualidad basada en tópicos y estereotipos de género, desde la violencia masculina hasta la prostitución como espacio de experimentación cara a cara?

La solución no es la prohibición de conectarse a las redes, sino usar adecuadamente cómo conectarse. Por descontado, asesorados en un proceso de educación sexual y afectiva (Kornblit y Sustas, 2014). No censurar, sino crear capacidad crítica para entender qué significa la pornografía, tratar el fenómeno de la pornografía desde la perspectiva de la maduración de las relaciones interpersonales. A veces los niños entre 7 y 11 años se atreven a preguntar, pero si los adultos (padres, hermanos mayores, educadores) evitan hablar de sexualidad y ellos no se sienten escuchados, buscarán las repuestas en internet o en sus iguales, y estos también acabarán recomendándoles que lo busquen en internet (Gathem, 2015).

En este proceso hay que implicar a toda la sociedad, pero especialmente a los servicios de salud, los educativos y las familias, especialmente estas últimas. Las relaciones intrafamiliares y con los amigos son claves en el desarrollo de los estilos de vida de los adolescentes y el desarrollo social y emocional de este grupo. El estilo parental y el tipo de comunicación en la familia moderan el tipo de consumo e impacto que internet tiene en los adolescentes. Las relaciones intrafamiliares positivas reducen la posibilidad de comportamientos problemáticos en internet (Ispa *et al.*, 2013; Jiménez, De Ayala López y García, 2013; Noll *et al.*, 2013; Wisenblit, Priluck y Pirog, 2013).

Hay que trabajar con las familias, en entornos escolares y comunitarios para desarrollar programas preventivos, de tipo socioeducativo, como se hace con los programas de fortalecimiento familiar, como el «Programa de Competencia Familiar». Se trata de programas de larga duración (más de tres meses) que trabajan con adolescentes y sus padres. Por otro lado, hay que conseguir mejorar los programas de educación afectivo-sexual y ampliar su perspectiva a las relaciones interpersonales, desde los 10 o 11 años. Por descontado, se tiene que integrar la perspectiva de las tecnologías de la comunicación. Un programa de educación afectivo-sexual que se olvide de internet está fuera del mundo adolescente.

Un ejemplo de este enfoque, más explícito que el «Programa de Competencia Familiar», se encuentra en experimentación en Estados Unidos: se está desarrollado en Boston. En este programa los educadores sexuales parten de la premisa de que la mayoría de adolescentes ve pornografía. En lugar de hacer creer que arruinarán sus vidas, les enseñan a analizarla para ayudarles a formarse ideas propias sobre el sexo, el placer, el poder y la intimidad. Se llama, de manera reducida: «Alfabetización porno». Este curso, el nombre oficial del cual es «La verdad sobre la pornografía. Programa educativo de alfabetización porno para estudiantes de Bachillerato diseñado para reducir la violencia sexual y en las relaciones», es un módulo añadido recientemente en el programa de trabajo con familias «Start Strong»; programa que incluye a los hijos y se aplica en el extremo sur de Boston, financiado por la Agencia de Salud Pública de la ciudad. Chicos y chicas, estudiantes de bachillerato, seleccionados previamente, asisten cada año; provienen de centros públicos de Secundaria de Boston y también de colegios religiosos. Durante gran parte del año, los adolescentes aprenden sobre las relaciones saludables, las relaciones violentas y temas relacionados con la comunidad LGTBI, mediante debates grupales, juegos de rol y otros ejercicios.

Durante aproximadamente dos horas a la semana, durante cinco semanas, los estudiantes de Secundaria forman parte de «Alfabetización porno»; el propósito es que cuando vean pornografía sean más maduros y críticos en analizar cómo la pornografía presenta el género, la sexualidad, la agresión, el consentimiento, las diferencias étnicas, el sexo homosexual, las relaciones interpersonales y la imagen corporal.

El programa de «Alfabetización porno» empezó el curso 2016-2017 y es una experiencia, en el marco de un estudio piloto liderado por Emily Rothman, profesora adjunta de la Facultad de Salud Pública de la Universidad de Boston, que ha dirigido muchos estudios sobre la violencia en las relaciones interpersonales, como también del uso de la pornografía por parte de los adolescentes. Rothman ha diseñado un currículum que evita asustar a los jóvenes haciéndoles creer que la pornografía es adictiva o que arruinará sus vidas y sus relaciones, además de pervertir su libido. Ella se ha centrado en el hecho de que la mayoría de los adolescentes ven pornografía, la seguirán viendo y será imposible evitarlo. Por lo tanto, adopta el enfoque de que enseñarles a analizar lo que ven es mucho más efectivo que solo desear que los adolescentes vivan en un mundo sin porno. Se trata de un estudio piloto; hay que ver los resultados que ofrece a medio plazo.

Otras opciones muy interesantes, aunque aún no disponen de evaluación, son las que se basan en el desarrollo de la pornografía con un enfoque educativo, orientadas a dar respuesta a la curiosidad de los adolescentes. La página creada y probada por un grupo de profesionales de Valencia se presenta como «el primer proyecto educativo a nivel mundial de conocimientos y experiencias sexuales, enseñados de manera explícita y sin tabúes. Está liderado por profesionales de la psicología y la sexología que supervisan la validez técnica de todos sus contenidos» (Pornoeducativo, 2018). A lo largo de los últimos años hemos insistido en la necesidad de disponer de opciones como esta, al menos de que se experimenten en condiciones controladas. La revisión de contenidos ofrece muchas posibilidades, en los próximos años veremos los resultados que obtiene.

En resumen, podemos identificar seis políticas de actuación, las cuales incluyen un amplio conjunto de acciones relevantes:

1. **Investigación**. Es necesario mejorar el conocimiento sobre lo que está pasando, así como las tendencias que se observan actualmente. Las investigaciones deben incluir la consulta de expertos, el análisis de la oferta y el consumo, y los procesos de escalada de conducta. Pero lo más relevante posiblemente es desarrollar una amplia investigación cualitativa basada en la consulta de jóvenes. Por ejemplo, necesitamos saber por qué la educación afectivo-sexual no responde a sus necesidades, inquietudes y dudas.
2. **Educación afectivo-sexual**. Deben desarrollarse estudios para evaluar la eficacia de los programas, así como para la reforma de la educación afectivo-sexual, estudiando contenidos, materiales didácticos alternativos, vídeos de apoyo, etc. Por supuesto, hay que establecer diseños para evaluar con rigor y aportar evidencias empíricas consistentes de dichos programas.
3. **Programas familiares de fortalecimiento de las competencias**. Parece claro que, si se trabaja en los centros educativos a todas las edades, el enfoque debe ser conjunto: con el alumnado y con los padres y madres. Se debe pensar en el desarrollo de modalidades de programas de empoderamiento familiar desde edades tempranas, siguiendo el modelo de los programas de competencia familiar. Las actuaciones basadas exclusivamente en la parentalidad positiva, orientadas solo a los padres y madres, ofrecen resultados mucho más limitados que los programas basados en el enfoque integral familiar. Los programas de educación afectivo-sexual que se centran solo en los adolescentes también tienen un alcance limitado.
4. **Relaciones interpersonales**. Hay que estudiar la posibilidad de aprovechar todas las posibilidades de mejora del pensamiento crítico, la capacidad de juicio reflexivo, así como la mejora de las relaciones interpersonales, mediante actuaciones conjuntas en los ámbitos escolares, pero también en los de ocio y tiempo libre. De manera que se consigan mensajes coherentes en los ámbitos familiares, educativos y de ocio y tiempo libre. En este sentido, los medios de comunicación y las redes sociales también desempeñan un papel fundamental, por lo que se recomienda trabajar en la selección de buenas prácticas

comunicativas y en la formación de comunicadores profesionales (periodistas), así como de comunicadores alternativos (*you-tubers, influencers* y otras figuras de relevancia comunicativa). Es evidente que el mejor enfoque es el del desarrollo de actuaciones que cuenten con el protagonismo fundamental de los jóvenes.

5. **Empoderamiento social y servicios de apoyo**. El reto social de generar una conciencia crítica respecto a la pornografía, reduciendo su impacto más negativo y limitando la visualización, pasa por la implicación del conjunto de la sociedad. Por ahora, se trata de un tema silenciado, pero del que cada vez hay más conciencia: la pornografía tiene impactos de primer orden en las relaciones interpersonales. Se conocen esos impactos negativos por investigaciones como la presente, así como por las consultas a servicios especializados. Se necesita desarrollar acciones de sensibilización social (prevención universal y selectiva), pero también acciones de atención para los casos de necesidad ya expresada (adicciones a la pornografía, alteraciones que requieren prevención indicada o tratamiento, dispositivos de escucha para consultas por parte de adolescentes y jóvenes).
6. **Control legal**. Parece necesario prestar atención a las posibilidades legales del acceso a menores de edad, así como de la limitación de la pornografía que muestra prácticas de riesgo (no presencia de preservativos, y otras), violencia (violaciones, violencia de diversos tipos), etc. Es cierto que la propia pornografía ya se puede considerar como la expresión de una violencia contra las mujeres, pero si se quiere empezar por los aspectos prioritarios, hay un núcleo de la oferta pornográfica especialmente preocupante.

Sabemos que estas propuestas requieren un debate amplio, así como un desarrollo en forma de programas de actuación. Los autores del estudio estamos dispuestos a colaborar en ese sentido.

Referencias bibliográficas

Aguado, T. (2018). «Otra política visual de la representación sexual: el porno feminista de Erika Lust». *Pasavento. Revista de Estudios Hispánicos*, I (1): 43-60.

Albury, K. (2014). «Porn and sex education, porn as sex education». *Porn Studies*, 1 (1-2): 172-181.

Ayres, M. M.; Haddock, S. A. (2009). «Therapists' approaches in working with heterosexual couples struggling with male partners' online sexual behavior». *Sexual Addiction and Compulsivity*, 16: 55-78.

Bakehorn, J. (2010). «Women-made pornography». En: Weitzer, R. (ed.). *Sex for sale: Prostitution, pornography, and the sex industry* (pp. 91-111). Nueva York: Routledge.

Ballester, L.; Pozo, R.; Orte, C. (2013). «La prostitución deslocalizada. Ocultación de las nuevas modalidades de violencia». *Congreso Internacional sobre Violencia de género: intersecciones*. Oñati, 10-12 de julio. Instituto Internacional de Sociología Jurídica.

Ballester, L.; Orte, C.; Pozo, R. (2015a). «La pornografía en internet y la ritualización de las relaciones sexuales. Aportaciones a la investigación sobre mujeres y género». *V Congreso Universitario Internacional de Investigación y Género* (pp. 845-858). Sevilla, 3-4 de julio

——— (2015b). «Estudio de la nueva pornografía y relación sexual en jóvenes». *ANDULI, Revista Andaluza de Ciencias Sociales*, 13: 165-178.

Bourdieu, P. (1988). *La distinción*. Madrid: Taurus.

——— (2000). *La dominación masculina*. Barcelona: Anagrama.

Braun-Courville, D. K.; Rojas, M. (2009). «Exposure to sexually explicit web sites and adolescent sexual attitudes and behaviors». *Journal of Adolescent Health, 45* (2): 156-162. Disponible en: <http://dx.doi.org/10.1016/j.jadohealth.2008.12.004>.

Colom, A. J.; Ballester, L. (2016). *El mundo en el bolsillo. Pautas prácticas para educar en el buen uso del móvil*. Barcelona: Sello.

Coy, M. (ed.) (2016). *Prostitution, harm and gender inequality: Theory, research and policy*. Londres: Routledge.

D'Orlando, F. (2011). «The demand for pornography». *Journal of Happiness Studies*, 12: 51-75.

Döring, N. M. (2009). «The internet's impact on sexuality: A critical review of 15 years of research». *Computers in Human Behavior*, 25 (5): 1089-1101.

Duque, C. (2010). «Judith Butler y la teoría de la performatividad de género». *Revista de Educación y Pensamiento*, 17: 85-95.

Ecker, N.; Kirby, D. (2009). «International guidelines on sexuality education: An evidence informed approach to effective sex, relationships and HIV/STI education». *United Nations Educational, Scientific and Cultural Organisation*, 2.

Ferguson, C. J.; Hartley, R. D. (2009). «The pleasure is momentary... the expense damnable?: The influence of pornography on rape and sexual assault». *Aggression and Violent Behavior*, 14 (5): 323-329.

Flood, M. (2007). «Exposure to pornography among youth in Australia». *Journal of Sociology*, 43: 45-60.

Gómez, G. C. (2016). *Valoración del éxito de la educación afectivo-sexual en adolescentes* (tesis doctoral). Madrid: Universidad Complutense de Madrid.

Hald, G. M.; Malamuth, N. M. (2008). «Self-perceived effects of pornography consumption». *Archives of Sexual Behavior*, 37 (4): 614-625.

Ispa, J. M. *et al.* (2013). «Patterns of maternal directedness by ethnicity among early head start research participants». *Parenting*, 13 (1): 58-75.

Jiménez, A. G., De Ayala López, M. C.; García, B. C. (2013). «Hábitos de uso en internet y en las redes sociales de los adolescentes españoles». *Comunicar*, 41 (21): 195-204.

Khan, A. (2016). «Principles of lust: A feminist porn perspective on contemporary macho, future of porn and its ever-present influence on fashion and style». *Fashion, Style & Popular Culture*, 3 (3): 375-381.

Kor, A. *et al.* (2014). «Psychometric development of the problematic pornography use scale». *Addictive Behaviors*, 39 (5): 861-868.

Kornblit, A. L.; Sustas, S. (2014). *La sexualidad va a la escuela*. Buenos Aires: Biblos.

Lim, M. S.; Carrotte, E. R.; Hellard, M. E. (2016). «The impact of pornography on gender-based violence, sexual health and well-being: what do we know?». *Journal Epidemiology Community Health*, 70 (1): 3-5.

Lust, E. (2015). *Let's make a porn. A practical guide to filming sex.* Disponible en: <http://www.erikalust.com>.

——— (2018). *The porn conversation.* Disponible en: <http://thepornconversation.org>.

Malamuth, N. M. (ed.) (2014). *Pornography and sexual aggression.* Barcelona: Elsevier.

McKee, A. (2007). «The relationship between Attitudes towards women, consumption of pornography, and other demographic variables in a survey of 1,023 consumers of pornography». *International Journal of Sexual Health,* 19 (1): 31-45.

Mercer, D.; Perkins, L. (2013). «Theorising sexual media and sexual violence in a forensic setting: Men's talk about pornography and offending». *International Journal of Law and Psychiatry,* 37: 174-182.

Mesch, G. S. (2009). «Social bonds and internet pornographic exposure among adolescents». *Journal of Adolescence,* 32 (3): 601-618.

Osborne, R.; Guasch, O. (comps.) (2003). *Sociología de la sexualidad.* Madrid: Centro de Investigaciones Sociológicas/Siglo XXI de España Editores.

Owens, E. W.; Behun, R. J.; Manning, J. C.; Reid, R. C. (2012). «The impact of internet pornography on adolescents: A review of the research». *Sexual Addiction & Compulsivity,* 19 (1-2): 99-122.

Paasonen, S. (2015). «Online pornography». En: Wright, J. D. (ed.). *International Encyclopedia of the Social & Behavioral Sciences* (2.ª ed., vol. 17, pp. 217-222). Oxford: Elsevier

Paul, B.; Kobach, M. J. (2014). «Male-female reactions to variations in sexual explicitness in pornography: An empirical test of predictions of intra-and inter-gender differences». *Sexuality & Culture,* 18 (1): 56-75.

Peter, J.; Valkenburg, P. M. (2016). «Adolescents and pornography: A review of 20 years of research». *The Journal of Sex Research,* 53 (4-5): 509-531.

Pornoeducativo (2018). Disponible en: <http://www.pornoeducativo.com>.

PornHub (2018). *2017 Year in review.* Disponible en: <https://www.pornhub.com/insights/2017-year-in-review>.

Poza, S. A. P.; Ares, L. (2011). «Sexo, poder y cine: relaciones de poder y representaciones sexuales en los nuevos relatos pornográficos». *ICONO14. Revista Científica de Comunicación y Tecnologías emergentes,* 9 (3): 98-119.

Prause, N. *et al.* (2015). «Modulation of late positive potentials by sexual images in problem users and controls inconsistent with "porn addiction"». *Biological Psychology,* 109: 192-199.

Reay, B.; Attwood, N.; Gooder, C., (2013). «Inventing sex: The short history of sex addiction». *Sexuality & Culture*, 17 (1): 1-19.
Rothman, E. F. *et al.* (2017). «A qualitative study of what US parents say and do when their young children see pornography». *Academic Pediatrics*, 17 (8): 844-849.
Solano, I.; Eaton, N. R.; O'Leary, K. D. (2018). «Pornography consumption, modality and function in a large internet sample». *The Journal of Sex Research*, 1-12.
Sullivan, R.; McKee, A. (2015). *Pornography: Structures, agency and performance*. Cambridge: Polity Press.
Sun, C.; Bridges, A.; Johnson, J. A.; Ezzell, M. B. (2016). «Pornography and the male sexual script: An analysis of consumption and sexual relations». *Archives of Sexual Behavior*, 45 (4): 983-994.
Tallon-Hicks, Y. (2016). *Is the porn braining our new sex educator?* Disponible en: <https://www.youtube.com/watch?v=lxlGFtg4Z2c>.
Von der Gathem, K. (2015). *Cuéntamelo todo*. Barcelona: Takatuka.
Voros, F. (2009). «The invention of addiction to pornography». *Sexologies*, 18 (4): 243-246.
Weber, M.; Quiring, O.; Daschmann, G. (2012). «Peers, parents and pornography: Exploring adolescents' exposure to sexually explicit material and its developmental correlates». *Sexuality & Culture*, 16 (4): 408-427.
Weitzer, R. (ed.) (2010). *Sex for sale: Prostitution, pornography, and the sex industry*. Nueva York: Routledge.
Wisenblit, J. Z.; Priluck, R.; Pirog, S. F. (2013). «The influence of parental styles on children's consumption». *Journal of Consumer Marketing*, 30 (4): 320-327.
Wright, P. J.; Tokunaga, R. S.; Kraus, A. (2015). «A meta-analysis of pornography consumption and actual acts of sexual aggression in general population studies». *Journal of Communication*, 66 (1): 183-205.
Wright, P. J.; Tokunaga, R. S.; Kraus, A. (2016). «Consumption of pornography, perceived peer norms, and condomless sex». *Health Communication*, 31 (8): 954-963.
Young, K. S. (2008). «Internet sex addiction risk factors, stages of development, and treatment». *American Behavioral Scientist*, 52 (1): 21-37.

Índice de tablas de resultados